A SAINT JOSEPH

PROTECTEUR DE L'ÉGLISE UNIVERSELLE

HOMMAGE DE VÉNÉRATION

Le jour de sa fête, 19 mars 1880,

De la part de l'auteur,

L'abbé L.-Joseph-Célestin CLOQUET.

HISTOIRE RÉVÉLÉE

DE

L'AVENIR

DE LA FRANCE, DE L'EUROPE,

DU MONDE

ET DE L'ÉGLISE CATHOLIQUE,

D'APRÈS L'ÉCRITURE-SAINTE,
les Saints-Pères, les Docteurs de l'Eglise, les Révélations
modernes ou contemporaines,
et de récentes prophéties inédites.

TOME PREMIER.

COUP D'ŒIL GÉNÉRAL JUSQU'A LA FIN DES TEMPS.

PAR

l'Abbé CLOQUET,

CHANOINE HONORAIRE, MISSIONNAIRE APOSTOLIQUE,
ANCIEN VICAIRE GÉNÉRAL,
Directeur du journal *Le Libérateur*.

*Vos ergo videte; ecce prædixi
vobis omnia.*
Prenez donc garde : Je vous ai
tout prédit.
(S. MARC, XIII, 23.)

CHAQUE TOME SE VEND SÉPARÉMENT,
UN franc, *franco.*

BERTIN, Éditeur,
38, RUE DE VAUGIRARD, A PARIS.

Mars 1880.

PRÉLIMINAIRES.

§ 1. — Motifs généraux de recourir aux prophéties.

Pour enseigner l'homme et opérer son salut, le Créateur lui a fait une révélation. Elle est déposée dans l'Ancien et dans le Nouveau Testament. Dans le cours des siècles, postérieurs à la venue de Notre-Seigneur Jésus-Christ, Dieu, pour avertir, corriger, convertir et sauver les peuples, a daigné encore parler par la bouche de saints ou de personnes simples et innocentes.

Cette seconde sorte de révélation est *officieuse*; la piété, la sagesse, la prudence, en font tenir compte aux bons chrétiens; mais la première seule est *officielle* et s'impose sous peine grave à la foi de tous.

La prophétie officielle est appelée scripturale, sacrée, canonique; la prophétie officieuse ou moderne est dite privée, particulière, extra-canonique.

La prophétie n'est qu'une forme de la révélation. Dieu seul est donc prophète. Les hommes, les femmes, les enfants, qu'il emploie à ce ministère ne sont, en réalité, que des canaux, des instruments, des échos de sa parole infaillible.

Dieu, dont la science est sans limite, *quia Deus scientiarum* (I Rois, II, 3), n'a pas su concevoir une lumière plus pure pour éclairer l'homme. Dieu, *Deus omnipotens,* dont la puissance est infinie, n'a pu créer un levier plus fort pour élever notre cœur. Dieu, dont la volonté est sage : *apud Ipsum est sapientia et fortitudo,* n'a pas voulu employer un moyen plus efficace, pour triompher de la volonté de sa créature.

« La prophétie », dit sainte Hildegarde inspirée, « a pris commencement avec la première œuvre « de Dieu, c'est-à-dire avec Adam. Elle a brillé de « génération en génération à travers les divers âges « de l'humanité, et le retentissement de sa voix ne « cessera pas jusqu'à la fin du monde. Elle conti- « nuera de proférer des paroles à divers sens, parce » que par l'inspiration du Saint-Esprit elle énonce « des mystères multiples. Car, la prophétie est dans « l'humanité, comme l'âme est dans le corps. De « même que l'âme est cachée dans le corps et le « dirige, ainsi la prophétie venant de Dieu, qui est « supérieur à toute créature, redresse, quoique « d'une manière invisible, ce qui penche, et ramène « à la rectitude ce qui s'écarte de la voie droite ». (Sainte Hildegarde : *Visio septima,* p. 962-63, édit. Migne.)

« Non-seulement le christianisme est un grand fait surnaturel », écrivait feu Mgr Dupanloup, dans sa *Lettre sur les prophéties publiées dans ces derniers temps* (*Monde,* 30, 31 mars et 1er avril 1874), « mais son établissement dans le monde est lui-même un grand fait miraculeux.

« Mais est-ce fini, Messieurs, et l'ère des faits miraculeux et surnaturels est-elle close à jamais ? Ce serait un étrange excès d'incrédulité que de le prétendre. Non, le bras de Dieu n'est pas raccourci, ni le don des miracles supprimé, ni l'esprit de prophétie éteint dans l'Eglise ; et les histoires des saints les plus authentiques, les plus certaines, offrent, sous ce rapport, les traits les plus incontestables comme les plus adorables de la puissance et de la bonté de Dieu. Voilà ce que la raison chrétienne et les annales de l'Eglise, Messieurs, proclament hautement, ce qu'il ne faut pas que les esprits superbes et dédaigneux oublient : ces dons extraordinaires des premiers siècles, dont parle saint Paul, *alii operatio virtutum, alii prophetia, alii gratia sanitatum,* ne doivent jamais cesser dans l'Eglise. Les temps peuvent être plus ou moins dignes, mais la source elle-même n'en est point tarie. Et voilà pourquoi saint Paul a dit : *Prophetias nolite spernere.* Ecoutez sur ces choses, Messieurs, l'éloquente parole de Fénelon : « A Dieu ne plaise », disait-il, dans son admirable panégyrique de sainte Thérèse, « que « j'autorise une vaine crédulité pour de creuses vi- « sions ! Mais à Dieu ne plaise que j'hésite quand « Dieu veut se faire sentir ! Celui qui répandait « d'en haut, comme par torrents, les dons miracu- « leux sur les premiers fidèles, n'a-t-il pas promis « de répandre son esprit sur toute chair ? » Quoique ces derniers temps ne soient pas aussi dignes que les premiers de ces célestes communications, faudra-t-il les croire impossibles ? La source en est-elle tarie ? Le ciel est-il fermé pour nous ? *N'est-ce pas même l'indignité de ces derniers temps qui rend ces grâces plus nécessaires pour rallumer la foi et la charité presque éteintes* ? N'est-ce pas après ce siècle d'obscurcissement, où il n'y a eu aucune vision manifeste, que Dieu, pour ne se laisser jamais sans témoignage, doit ramener enfin les merveilles des anciens jours ? »

§ 2. — Motifs particuliers.

A ces motifs généraux de respecter la prophétie, conformément à l'avis donné par saint Paul, s'en ajoutent d'autres particuliers à notre situation. La tempête sévit ; les ténèbres deviennent de jour en jour plus épaisses ; la barque agitée par des vents violents est exposée aux écueils ; les pilotes au coup d'œil sûr deviennent rares. Une bonne boussole est de première nécessité, à l'heure présente.

Or, la prophétie est une boussole divine.

Le sage aura donc soin de rechercher la sagesse des anciens et il fera son étude des Prophètes, selon le conseil contenu dans le livre de l'Ecriture sainte appelé l'*Ecclésiastique* (chap. XXXIX). *Gardez-vous,* a dit plus tard l'apôtre saint Paul, *gardez-vous de mépriser les prophéties, mais examinez-les toutes avec attention. Retenez ce qui est bon,* pour votre gouverne. (Ire Epître aux Thess., chap. v, 20.)

Ces conseils doivent nous guider dans notre étude des prophéties. Nous discernerons avec soin leur texte des commentaires et surtout des conjectures des auteurs, exposés à se tromper. Les auteurs sont d'autant plus faillibles qu'ils interprètent avec hardiesse, sans humilité, sans science profonde et sans mission divine. On doit surtout se méfier de quelques hommes trop exclusifs. D'autres poussen la témérité jusqu'à croire qu'ils sont capables de suppléer aux lacunes laissées intentionnellement par Dieu et de lui ravir des secrets, de dates surtout, quand il n'a fait qu'esquisser l'ordre dans lequel les évènements doivent se succéder.

Néanmoins on peut, sans prétendre passer pour plus prophète que les Prophètes, se livrer à des rapprochements, à des commentaires; et, de la sorte, s'efforcer d'interpréter un passage obscur, expliquer une difficulté, développer les circonstances d'un fait qui n'est qu'indiqué, corroborer une prophétie mère, principale, parfaitement authentique et divine, par des citations extraites d'autres prophéties méritant confiance.

Cette méthode est rationnelle; elle offre toute sécurité pour les faits principaux, et n'expose qu'à des inexactitudes de détails. On doit reconnaissance à ceux qui s'y livrent, selon, le conseil de saint Paul aux Thessaloniciens (chap. v, 12) : *Nous vous prions, mes Frères, d'être reconnaissants envers ceux qui travaillent parmi vous, vous gouvernent selon la volonté du Seigneur et vous avertissent.*

Nous nous proposons de suivre cette méthode. Ce ministère est digne de la mission du prêtre : *Celui qui prophétise est plus grand que celui qui a le don des langues,* est-il écrit aux *Actes des Apôtres.* Sans prophétiser, le prêtre qui s'efforce de mettre en lumière les révélations divines, officielles ou officieuses, en les rapprochant les unes des autres et les élucidant, au besoin, par quelques explications théologiques, rend un réel service aux âmes et mérite bien de l'Eglise. D'ailleurs, ce genre d'apostolat s'impose aujourd'hui à son attention comme moyen de zèle, de sanctification, de préservation, de conversion et de salut des âmes. Nous n'insistons pas sur les avantages incontestables d'une sage et vigilante prévoyance dans l'ordre des choses temporelles : ils sont évidents.

Quand Dieu lui-même ne sait, ne peut, ne veut employer un moyen de sauver le monde de nombreux dangers tant éternels que temporels, plus puissant et mieux à la portée de toutes les intelligences, le prêtre, son humble serviteur, saurait-il, pourrait-il, voudrait-il en rechercher un autre plus efficace ? Non. La prophétie, à l'heure présente de ténèbres morales et politiques, s'impose à l'attention des conducteurs des peuples et des âmes, aussi bien qu'aux chefs de familles et aux individus prudents.

Cette lumière ne doit pas être mise sous le boisseau. Même en présence des grands pécheurs, plus impies par jactance qu'en réalité, ce très-sage avis du Sauveur : *Nolite dare sanctum canibus, neque mittatis margaritas vestras ante porcos, ne forte conculcent eas pedibus suis et conversi dirumpant vos* : N'exposez pas certaines révélations à être foulées avec mépris aux pieds d'hommes pervers et peu éclairés, souffre parfois d'heureuses exceptions. Dieu n'a-t-il pas prophétisé, le plus souvent, pour convertir et sauver les pécheurs ? Il déclarait ainsi que la prophétie est le moyen le plus court pour faire éviter même aux pécheurs, et surtout aux grands pécheurs, des maux temporels et l'éternel malheur de l'enfer. Forçant par la réalisation de ses promesses ou de ses menaces prophétiques à croire au surnaturel, dont la notion s'était oblitérée, il a de la sorte converti Ninive et ramené le peuple hébreu des égarements de l'idolâtrie.

A une époque de locomotion rapide, de correspondances électriques, l'histoire du passé perd de son intérêt. L'histoire du jour présent est déjà ancienne et presque oubliée le lendemain. Car ces souvenirs de la veille sont chassés, comme des nuages poussés par les vents de la tempête, par les voix multiples et discordantes des journaux quotidiens.

L'histoire de l'avenir offre un intérêt plus durable : elle fixe la mobilité de l'esprit en provoquant la curiosité ; elle comprime les passions du cœur par l'attente de la récompense ou par la crainte du châtiment. La prophétie est donc moralisatrice et bienfaisante. Tant d'intérêts du temps et de l'éternité s'attachent à la connaissance de l'avenir !

Or, cette histoire, dont l'énoncé paraît d'abord étrange, n'est point une chimère. Elle existe. Dieu lui-même est en l'auteur. Depuis sept mille ans il se fait l'historien bénévole de l'avenir de ses créatures pour les préserver des dangers futurs, les forcer à le reconnaître comme tout-puissant, et faire adorer sa providence qui dispose des siècles avec plus de certitude que nous ne saurions prévoir les évènements de l'heure suivante.

Le rôle de l'homme qui veut livrer à l'impression cette histoire d'un nouveau genre, écrite ou dictée par Dieu, est donc tout tracé. Il consiste à recueillir avec soin, à contrôler avec perspicacité, à classer en bon ordre les documents épars, appelés prophéties modernes. L'Eglise a des règles pour faire discerner si elles portent l'empreinte de la main divine et si Dieu les a réellement dictées à ses amis, choisis parmi les plus fidèles et les plus innocents.

En outre des prophéties généralement connues, la Providence nous a mis en mains des révélations, les unes en partie, les autres totalement inédites et inconnues. Le temps de leur accomplissement est proche. Il convient, ce semble, de prévenir l'époque de leur réalisation, afin d'en conserver la valeur et l'intérêt : les fruits que Dieu attendait de leur publication, lorsqu'il les communiqua, arriveront ainsi à maturité dans la saison prévue.

§ 3. — Plan, division, rédaction et publication de l'ouvrage.

Notre travail est intitulé : *Histoire révélée de l'avenir de la France, de l'Europe, et de l'Eglise catholique, jusqu'à la fin du monde.*

Elle paraîtra en dix volumes, dont celui-ci est le tome premier.

Ce tome sert comme d'introduction à neuf autres, qui paraîtront successivement, en temps opportun.

Il est divisé en trois parties. La première donne une haute idée de la prophétie en révélant de curieux détails sur la montagne des Prophètes, voisine du Paradis terrestre.

La seconde présente un coup d'œil d'ensemble : elle expose brièvement les évènements futurs jusqu'à la fin du monde, d'après la révélation faite à la Salette. Celle-ci est corroborée par des notes et des extraits de vingt autres prophéties.

La troisième fait entrevoir le sort des Ordres religieux en général et connaître l'ordre futur des

apôtres des derniers temps. Une règle a été donnée
à Mélanie, bergère de la Salette. Elle concerne pa-
raît-il, l'Ordre des futurs apôtres prédits. Ce point
du secret prophétique qui lui a été confié est de la
sorte mis en lumière par les prophéties de saint
François d'Assise, de la sœur Mechtilde, de saint
Vincent Ferrier, de saint François de Paule et du
vénérable de Montfort, qui s'éclairent et se corro-
borent mutuellement. Nous puiserons à dix autres
sources de renseignement, le jour où il sera à propos de traiter de cette question avec tous les détails
qu'elle comporte.

Voici la simple nomenclature des tomes suivants.
Ils paraîtront successivement à des époques dont
seront informés par lettre-circulaire tous ceux qui
auront manifesté le désir de se les procurer. Ils
seront vendus séparément.

Tome deuxième : L'INVASION ÉTRANGÈRE, LA GUERRE
CIVILE, LE CATACLYSME GÉNÉRAL. Une prophétie principale, authentique, inédite, sera mise au jour,
commentée et appuyée par quarante autres.

Tome troisième : LA DESTRUCTION DE PARIS, et de
plusieurs autres villes, d'églises, d'édifices, de châ-
teaux, et de beaucoup de maisons particulières.

Tome quatrième : LA RESTAURATION DE LA MONAR-
CHIE LÉGITIME ET LE TRIOMPHE DE L'ÉGLISE, sous le
règne d'Henri V. (Dénouement de la grande crise,
pacification, réorganisation générale.)

Tome cinquième : LES APÔTRES DES DERNIERS TEMPS, notice complète d'après de nombreux documents.

Tome sixième : LE GRAND MONARQUE ET LE PASTEUR ANGÉLIQUE, ou les vingt années de la paix dernière, de prospérité inouïe, et de conversion générale parmi toutes les nations, précédées d'une régence déplorable.

Tome septième : LES PRÉCURSEURS DE L'ANTECHRIST ET LES HÉRÉSIES DES DERNIERS TEMPS.

Tome huitième : L'ANTECHRIST : sa naissance, son enfance, son règne, ses conquêtes, ses persécutions et sa mort.

Tome neuvième : LA FIN DU MONDE : Vie des derniers chrétiens, leur mort. Le cataclysme final.

Tome dixième : LE JUGEMENT GÉNÉRAL. Résurrection, séparation, solennité du jugement de tous les hommes et de tous les anges ; sentence ; engloutissement des damnés dans l'enfer, entrée triomphale des élus dans le ciel.

Le plan est vaste. Dix années, peut-être, s'écouleront avant sa complète réalisation. Mais le tome II paraîtra avant la fin de 1880 ; le tome III sera probablement publié le 1er mars 1881. A la fin de chaque volume sera indiquée la date présumée de la publication du suivant.

L'auteur tiendra un registre des souscripteurs , qui ne s'engageront jamais que pour le tome suivant. Une lettre d'avis de la publication du nouveau volume leur sera adressée à domicile, avec indication du prix, lequel ne peut varier que de quelques centimes, selon le nombre de pages. Dès la réception de leur souscription, le volume leur sera expédié par la poste, *franco*, ou par le chemin de fer, à leur choix. Cette souscription anticipée, quoique gratuite, est très-utile : elle fixe d'avance sur le nombre des exemplaires à imprimer. Elle est donc très-désirable et nous la sollicitons de tous ceux qui s'intéressent à ce genre de travail.

Les ecclésiastiques et les pieux laïques, qui ont fait une étude spéciale des prophéties modernes, sont invités à nous éclairer, en nous faisant part des documents qu'ils possèdent ou connaissent aussi bien que de leurs observations et de leurs critiques. Nous correspondrons volontiers avec eux. Ainsi, un noyau d'hommes s'occupant du surnaturel, avec science, prudence et piété, sous le regard de l'Eglise, pourra aider celle-ci à réagir contre l'incrédulité, l'indifférence, le matérialisme, l'athéisme et le spiritisme, dont les ténèbres deviennent de plus en plus envahissantes. Ce genre d'apostolat peut, avec la grâce de Dieu, devenir très-avantageux à beaucoup d'âmes, qui accueilleront volontiers la lumière des vérités divines sous cette forme à la fois attrayante et instructive.

PREMIÈRE PARTIE.

MYSTÉRIEUSE ORIGINE

ET

CONSERVATION MIRACULEUSE

DES PROPHÉTIES.

NOTICE HISTORIQUE

SUR L'EXTATIQUE ANNE-CATHERINE EMMERICH.

Anne-Catherine Emmerich est née le 8 septembre 1764, au hameau de Flamske, près Coesfeld, à trois lieues de Dulmen, en Westphalie. Elle a passé son enfance à Coesfeld, où elle reçut les stigmates de la couronne d'épines, dans une église, maintenant au pouvoir des protestants. En 1802, elle prit l'habit religieux chez les Augustines de Dulmen. Le 29 décembre 1812, elle reçut les autres douloureux stigmates. Elle mourut en 1824.

Sa *Vie* a été écrite par le P. Schmœger, de la Congrégation du Très-Saint Rédempteur, et traduite de l'allemand par feu de Cazalès, vicaire général de Versailles. 3 vol. in-8, Paris, chez Bray, 20, rue Cassette. C'est de cet ouvrage que nous avons extrait les chap. II et III, sur la *Montagne des Prophètes*. On a publié ses *Révélations sur la vie et les voyages de N.-S.-J.*, d'où on a extrait la *Douloureuse passion*, ouvrage très-connu.

MYSTÉRIEUSE ORIGINE

ET

MIRACULEUSE CONSERVATION DES PROPHÉTIES.

CHAPITRE I.

**Existence d'une montagne des prophètes,
dans la région du paradis terrestre.**

Le *Libérateur* (1), dans son numéro 99, deuxième série, a démontré que le déluge, tout en étant universel, a pu épargner un sommet, celui de la partie la plus haute de la terre, alors inhabitée par l'homme.

Puis, il a prouvé que le Paradis terrestre y est situé, et qu'il existe encore aujourd'hui. Il a appuyé cette vérité sur la *Genèse*, v, 21 ; le *IVe livre des Rois*, ii- 11 ; l'*Ecclésiastique*, XLIV, 16, et XLVIII, 9 et 13 ; l'Evan, gile selon saint Luc, XXIII, 43 ; l'Epître de saint Paul où il raconte qu'il fut ravi dans le paradis, et l'Epître aux *Hébreux*, XI, 5, où cet apôtre parle de l'enlèvement d'Elie. Saint Irénée (*lib.* V, *contra hæreses, cap.* v) confirme le témoignage des prêtres de l'Asie qui disent l'avoir appris des Apôtres ; saint Jérôme (*Epistol.* 61, *ad Pammachium*), saint Isidore

---

(1) Le *Libérateur des âmes du Purgatoire* est un journal qui paraît depuis dix-huit ans. — Prix : 2 fr. par an. Chez M. BERTIN, éditeur, 38, rue de Vaugirard, *Paris*.

(*lib. de vita et obitu sanctorum, cap.* III), Tertullien, saint Justin, saint Epiphane, saint Augustin, saint Grégoire, saint Jean Damascène, saint Thomas, Abulens, Rupert, Raban, Strabus et autres que cite Viegas, sainte Hildegarde, la Sœur Mechtilde de Magdebourg, Angelôme, Nicolas de Lyre, Sanctius, le P. Houbigant dans sa *Dissertation critique et théologique sur la venue d'Elie,* ont corroboré de leur science ou de leurs révélations l'existence actuelle du paradis terrestre. Ce même journal, dans ses numéros suivants, a établi *scientifiquement* (commentaires de l'Ecriture sainte, géographie, histoire, géologie, météorologie, etc.) la possibilité et la probabilité de la non-destruction du paradis terrestre, dans la région que va indiquer l'extatique Catherine Emmerich. Celle-ci, après la Sœur Mechtilde, sainte Hildegarde, sainte Alpaix, etc., a constaté sa conservation miraculeuse et en a fait l'admirable description que l'on va lire avec plaisir.

Or, c'est là, près du Paradis terrestre, que des révélations, de Catherine Emmerich notamment, placent la montagne des Prophètes.

Anne-Catherine Emmerich, à la manière de l'Ecriture, principalement des Prophètes, pour communiquer des lumières reçues dans ses élévations sublimes, parle un langage figuré, matériel en quelque sorte, pris des choses sensibles d'ici-bas, conforme en un mot à la façon de s'exprimer communément en usage parmi les hommes. Il leur donne quelque idée de choses abstraites qu'ils ne sauraient comprendre autrement.

S'en suit-il de là que les scènes, les êtres, les lieux et les choses décrits soient toujours, réellement, substantiellement, matériellement tels qu'elle les dépeint dans ses récits?

Non.

Parfois, ces représentations corporelles ne sont qu'un langage exprimant comme il peut des vérités, des beautés, des lumières spirituelles, inénarrables, quoique réelles.

Cet avertissement préliminaire compris, nous lui laissons la parole. Cette Voyante nous donnera une haute idée de la prophétie, et dévoilera à nos yeux des mystères, qu'il est intéressant de connaître, avant d'étudier en détail les révélations et les prophéties.

CHAPITRE II.

Description de la montagne des Prophètes.

Dans la seconde semaine de l'Avent, 1820, Anne-Catherine fut conduite par son ange sur la plus haute cime *d'une montagne qui s'élève dans le Thibet et qui est d'ailleurs complétement inaccessible.* Elle vit là, gardés par Elie, les trésors de toutes les connaissances divines communiquées aux hommes par les anges et les Prophètes depuis le commencement du monde, et elle fut informée que le mystérieux livre prophétique qui lui avait été confié venait aussi de là. Ce n'était pas la première fois qu'elle venait dans ce lieux merveilleux ; car elle y avait été conduite par son ange à différentes reprises pendant le cours de chaque année ecclésiastique. Elle l'avait été également *dans le paradis qui ne lui semblait pas très-éloigné de là.* Ces deux endroits lui paraissaient avoir de grands rapports entre eux, et dans tous les deux elle avait coutume de rencontrer les mêmes saints gardiens. Elle y alla, parce que l'infusion de la lumière prophétique et la tâche expiatoire qu'elle avait à remplir au moyen de cette lumière, lui donnaient un certain droit de participer aux biens conservés en ce lieu, et parce qu'elle avait besoin des forces et des dons surhumains qui y étaient octroyés pour suffire à sa mission si pénible et si étendue.

Elle ne put, comme elle le reconnut à plusieurs reprises, rapporter sur la terre que l'impression générale de ce qu'elle avait vu là, et elle ne fut en

état de reproduire que par des ébauches très-im-
parfaites le tableau dans lequel elle avait vu l'efficacité prophétique de l'homme de Dieu, Elie, se
perpétuant jusqu'à la fin des temps et les rapports
personnels qui la rattachaient à lui et à sa charge
de prophète. — L'auteur laisse la parole à l'extatique.

« Partant de Jérusalem, je m'avançai *bien loin vers*
l'Orient. Je passai plusieurs fois dans le voisinage
de grands amas d'eau et par-dessus des montagnes
qu'avaient franchies les mages de l'Orient pour
venir à Bethléem. Je traversai aussi des pays très-
peuplés, mais je ne touchais pas les lieux habités :
la plupart du temps je passais par des déserts.
J'arrivai ensuite dans une contrée où il faisait très-
froid et je fus conduite de plus en plus haut jusqu'à
un point extrêmement élevé le long des montagnes ;
du couchant au levant se dirigeait une grande
route sur laquelle je vis passer des troupes d'hommes. Il y avait une race de petite taille, mais très-
vive dans ses mouvements : ils avaient avec eux
de petits étendards ; ceux de l'autre race étaient
d'une haute taille : ce n'étaient pas des chrétiens.
Cette route allait en descendant : *mon chemin con-*
duisait en haut à une région d'une beauté incroyable.
Là il faisait chaud et tout était vert et fertile : il y
avait des fleurs merveilleusement belles, de beaux
bosquets et de belles forêts : une quantité d'animaux prenaient leurs ébats tout autour : ils ne paraissaient pas méchants. Cette contrée n'était habi-
tée par aucune créature humaine et jamais aucun
homme n'y venait : *car de la grande route on ne*
voyait que des nuages. J'aperçus des troupes d'animaux semblables à de petits chevreuils avec des

jambes très-fines ; ils n'avaient pas de cornes, leur
robe était d'un brun clair tacheté de noir. Je vis
aussi un animal trapu de couleur noire ressemblant presque à un cochon, puis des animaux
comme des boucs de grande taille, mais plus semblables encore à des chevreuils ; ils étaient très-
familiers, très-légers à la course : ils avaient de
beaux yeux fort brillants. J'en vis d'autres semblables à des moutons ; ils étaient très-gras, avaient
comme une perruque de laine et des queues très-
épaisses. D'autres ressemblaient à des ânes, mais
mouchetés ; des troupeaux comme de petites chè-
vres jaunes et de petits chevaux ; de grands oiseaux
à longues jambes qui couraient très-vite, d'autres
semblables à des poulets agréablement tachetés ; et
enfin une quantité de jolis oiseaux très-petits et de
couleurs variées. Tous ces animaux prenaient libre-
ment leurs ébats, comme s'ils eussent ignoré l'existence des hommes.

« De cette contrée de paradis, il me fallut monter
plus haut, et c'était comme si j'étais encore conduite à
travers les nuages. J'arrivai ainsi au sommet de cette
haute région de montagnes où je vis beaucoup de
choses merveilleuses. Au haut de la montagne
était une grande plaine et dans cette plaine un lac ;
dans le lac une île verdoyante qui se liait au conti-
nent par une langue de terre également verdoyante.
Cette île était entourée de grands arbres semblables
à des cèdres. Je fus élevée au sommet d'un de ces
arbres et, me tenant fortement aux branches, je vis
d'en haut toute l'île. On y voyait s'élever un certain
nombre de tours très-élancées : chacune avait un
petit porche, comme si on eût bâti une chapelle au-

dessus de la porte. Ces porches étaient tout couverts
d'une verdure fraîche, de mousse ou de lierre : il
y avait là une végétation continue, quelque chose
de vivant. Les tours avaient à peu près la hauteur
d'un clocher d'église ordinaire, mais elles étaient
très-minces, en sorte qu'elles rappelaient les hautes
colonnes que, pendant le voyage, j'avais vues dans
de vieilles villes en ruines. Elles étaient de différentes formes, rondes ou octogones. Les rondes
avaient des toits en forme d'oignons : les octogones
avaient de larges auvents. Les rondes étaient de
grosse pierre polie et veinée, les autres avaient
toute sorte de saillies et d'assises formant des
images symboliques : on pouvait grimper en haut à
l'aide des pierres saillantes. Ces pierres étaient de
couleurs variées, brunes, rouges, noires et dispo-
sées de diverses manières. Les tours ne s'élevaient
pas au-dessus des *arbres prodigieusement hauts*, au
sommet de l'un desquels je me trouvais. Il y avait,
à ce qu'il me sembla, autant de tours dans l'île que
d'arbres à l'entour. Les arbres étaient de l'espèce
des sapins et avaient des feuilles comme des aiguil-
les : ils portaient des fruits jaunes couverts d'é-
cailles, moins longs que les pommes de pin, ayant
plutôt la forme de pommes ordinaires. Ils avaient
des troncs très-massifs et couverts dans le bas
d'une écorce rugueuse : plus haut, entre les branches, ils étaient plus lisses. Les branches formaient
à l'entour des cercles très-réguliers : ces arbres
avaient en tout quelque chose de très-symétrique et
ils étaient droits comme des cierges : ils n'étaient
pas rapprochés les uns des autres et il s'en fallait
beaucoup qu'ils se touchassent à la circonférence.

« Tout le sol de l'île était recouvert d'une verdure épaisse, fine et courte ; ce n'était pas du gazon, mais une plante frisée à feuilles très-menues, comme de la mousse, aussi épaisse et aussi agréable que le coussin le plus moelleux. On ne remarquait pas dans l'île, ni dans toute la contrée, la moindre trace de sentier ou de chemin. Près de chaque tour était un petit jardin entouré de beaux arbres couverts de fleurs, disposés en cercle ou autrement, et divisé élégamment en plates-bandes avec une grande variété d'arbrisseaux et de massifs. Mais là aussi tout était verdoyant et les jardins différaient d'aspect suivant la différence des tours. Quand du haut de mon arbre je promenais mes regards sur l'île, je pouvais voir à son autre extrémité l'eau du lac, mais non la montagne. Cette eau était vive et d'une limpidité extraordinaire : elle traversait l'île par différents bras et se déversait *sous terre* par plusieurs rigoles plus ou moins larges.

« Vis-à-vis de l'étroite langue de terre, dans la verte plaine, s'élevait une très-grande tente s'étendant en long, qui semblait d'étoffe grise ; elle était décorée à l'intérieur, sur le derrière, de larges pans d'étoffes de diverses couleurs et couverte de toute espèce de figures peintes ou brodées. Autour de la table qui se trouvait au milieu, étaient des sièges de pierre sans dossiers ayant la forme de coussins : ils étaient recouverts d'une verdure toujours fraîche. Sur le siège d'honneur placé au milieu, derrière la table de pierre qui était basse et de forme ovale, un homme entouré d'une auréole comme celle des Saints était assis les jambes croisées, à la

manière orientale, et écrivait avec une plume de
roseau sur un grand volume. La plume était comme
une petite branche. A droite et à gauche on voyait
plusieurs grands livres et parchemins roulés sur
des baguettes terminées par des boutons ; et près
de la tente il y avait dans la terre un trou qui semblait revêtu de maçonnerie et *où était allumé un feu
dont la flamme ne dépassait pas le bord.* Toute la contrée environnante était comme une belle île verdoyante *entourée de nuages.* Le ciel au-dessus de ma
tête était d'une sérénité inexprimable. Je ne vis du
soleil qu'un demi-cercle de rayons brillant derrière
des nuages. Ce demi-cercle appartenait à un disque
qui paraissait beaucoup plus grand que chez nous.
L'aspect général avait quelque chose d'indicible-
ment saint ; c'était une solitude, mais pleine de
charme. Quand j'avais ce spectacle sous les yeux, il
me semblait savoir et comprendre ce qu'était et ce
que signifiait tout cela, mais je sentais que je ne
pouvais pas rapporter avec moi et conserver cette
connaissance. Mon conducteur avait été à mes côtés
jusque-là, mais, près de la tente, il devint invisible
pour moi.

« Comme je considérais tout cela, je me dis :
Qu'ai-je à faire ici, et pourquoi faut-il qu'une pauvre créature comme moi voie toutes ces choses ?
Alors la figure me dit de dessous la tente : « C'est
« parce que tu as une part dans ceci ». Cela redou-
bla encore mon étonnement et je descendis ou je
volai vers elle dans la tente où elle était assise,
vêtue comme le sont les esprits que je vois. Elle
avait dans son extérieur et son apparence quelque
chose qui rappelait Jean-Baptiste ou Elie. Les livres

et les volumes nombreux qui étaient par terre
autour d'elle étaient très-anciens et très-précieux.
Sur quelques-uns de ces livres étaient des ornements et des figures de métal en relief, par exemple
un homme tenant un livre à la main. La figure me
dit ou me fit connaître d'une autre manière que ces
livres contenaient tout ce qu'il y avait de plus saint
parmi ce qui venait des hommes ; qu'elle examinait,
comparait tout et jetait ce qui était faux dans le
feu allumé près de la tente. Il me dit qu'il était là
pour que personne ne pût y arriver : qu'il était
chargé de veiller sur tout cela et le gardait jusqu'à
ce que le temps fût venu d'en faire usage. Ce temps
aurait pu venir déjà dans certaines occasions ; mais
il y avait toujours de grands obstacles. Je lui demandai s'il n'avait pas le sentiment de l'attente si
longue qui lui était imposée. Il me répondit : « En Dieu
« il n'y a pas de temps ». Il me dit aussi que je devais
tout voir, me conduisit hors de la tente et me
montra le pays d'alentour. La tente avait à peu
près la hauteur de deux hommes ; elle était longue
comme d'ici à l'église de la ville : sa largeur était
d'environ la moitié de sa hauteur. Il y avait au
sommet une espèce de nœud par lequel la tente
était comme pendue à un fil qui montait et se perdait dans l'air, en sorte que je ne pouvais comprendre où il était attaché. Aux quatre coins étaient des
colonnes que l'on pouvait presque embrasser avec
les deux mains. Elles étaient veinées comme les
tours à surface polie, et se terminaient par des
boutons verts. La tente était ouverte par devant et
sur les côtés. Au milieu de la table était posé un
livre d'une dimension extraordinaire qu'on pouvait

ouvrir et fermer : il semblait qu'il fût assujetti sur la table. L'homme regardait dans ce livre pour en vérifier l'exactitude. Il me sembla qu'il y avait une porte sous la table et qu'un grand et saint trésor, une chose sainte était conservée là. Les sièges, couverts d'une végétation verdoyante, étaient rangés autour de la table de manière qu'on pût circuler dans l'intervalle. Les livres, fort nombreux, étaient posés derrière ces sièges à droite et à gauche : ceux qui étaient à gauche devaient être brûlés. Il me conduisit autour de ces livres : il y avait sur les couvertures des figures de toute espèce : c'étaient des hommes portant des escaliers, des livres, de petites églises, des tours ou des tablettes. Il me dit qu'il examinait tout cela, le confrontait, et brûlait ce qui était inutile et faux. Les hommes n'étaient pas encore en état de supporter ce qui se trouvait là : un autre devait venir auparavant. Ce qui était rejeté se trouvait à gauche. Il me montra alors la contrée environnante, et je fis, en longeant la rive extérieure, le tour du lac dont la surface était parfaitement de niveau avec l'île. Cette eau, que je sentais courir sous mes pieds, se *déversait sous la montagne par beaucoup de canaux et reparaissait au jour bien au-dessous, sous forme de sources grandes et petites.* Il me semblait que toute cette partie du monde recevait de là salut et bénédiction : en haut, elle ne débordait nulle part. En descendant au levant et au midi, tout était verdoyant et couvert de belles fleurs ; au couchant et au nord, il y avait aussi de la verdure, mais pas de fleurs. Arrivée à l'extrémité du lac, je traversai l'eau sans pont et je passai dans l'île que je parcourus en circulant au milieu des tours. Tout le sol semblait être un lit de mousse très-épais et très-fort ; on eût dit que tout était creux en dessous : les tours sortaient de la mousse comme une excroissance naturelle, et, autour de chacune d'elles, était un jardin à travers lequel coulaient des ruisseaux qui se jetaient dans le lac ou qui sortaient du lac, ce que je ne puis pas bien préciser. Dans ces jardins aussi il n'y avait pas de sentier, et pourtant les arbres, les buissons et les fleurs étaient rangés symétriquement. Je vis des roses, mais bien plus grandes que les nôtres : il y en avait de rouges, de blanches, de jaunes, d'autres de couleur sombre. Je vis des fleurs très-hautes : des espèces de lis, dont quelques-uns étaient bleus avec des raies blanches ; et aussi une tige de la hauteur d'un arbre avec de larges feuilles de palmier, laquelle portait à son sommet une fleur semblable à une très-grande assiette. J'eus le sentiment que dans les tours étaient conservés les plus grands trésors de l'humanité : il me semblait que des corps saints y reposaient.

« Entre quelques-unes de ces tours je vis un chariot très-étrange avec quatre roues basses : quatre personnes pouvaient bien s'y asseoir ; il y avait deux bancs et plus en avant un petit siège. Ce char, comme tout le reste ici, était tout revêtu d'une végétation verte ou bien d'une rouille verte. Il était sans timon et tout orné de figures sculptées, si bien qu'à la première vue je crus qu'il s'y trouvait des personnes assises. La caisse était faite de ces figures travaillées à jour : elle était très-mince, et comme de métal : les roues étaient épaisses

comme celles des chariots romains. Celui-ci me
sembla assez léger pour pouvoir être tiré par des
hommes. Je regardais tout très-attentivement, parce
que l'homme m'avait dit : « Tu as ici ta part et tu
« peux tout de suite en prendre possession ». Je ne
pouvais nullement comprendre quelle espèce de
part je pouvais avoir là. Qu'ai-je à faire, me disais-
je, de ce singulier chariot, de ces tours et de ces
livres? Mais j'avais une vive impression de la sainteté du lieu. C'était pour moi comme si, avec cette
eau, le salut de plusieurs époques était descendu
dans les vallées et comme si les hommes eux-mêmes étaient venus de ces montagnes d'où ils étaient
descendus toujours plus bas et s'étaient enfoncés
toujours plus profondément. J'avais aussi le sentiment que des présents célestes étaient là conservés, gardés, purifiés, préparés d'avance pour les
hommes. J'eus de tout cela une perception très-
claire ; mais il me semblait que je ne pouvais
emporter avec moi cette clarté : je conservai seulement l'impression générale.

« Lorsque je rentrai dans la tente, l'homme me
dit encore une fois la même chose : « Tu as une
« part dans tout cela et tu peux tout de suite en pren-
« dre possession ». Et comme je lui représentais
mon inaptitude, il me dit avec une assurance tran-
quille : « Tu reviendras bientôt vers moi ». Il ne
sortit pas de la tente pendant que j'y étais, mais il
tournait sans cesse autour de la table et des livres.
La table n'avait pas autant poussé au vert que les
sièges : ceux-ci en général étaient moins verts que
les objets voisins des tours, car ici il y avait moins
d'humidité. Cependant dans la tente et tout autour

le sol était couvert de mousse. La table, comme
aussi les sièges, avait quelque chose qui donnait
l'idée d'un produit végétal. Le pied de la table semblait servir de coffre et il y avait dedans quelque
chose de saint. Dans la tente, j'eus l'impression
qu'un corps saint y était enterré : il me semblait
qu'il y avait là-dessous un souterrain, et qu'une
odeur suave s'exhalait d'un tombeau sacré. J'eus le
sentiment que l'homme n'était pas toujours dans
cette tente auprès des livres. Il m'avait accueilli et
m'avait parlé comme s'il m'eût connue et qu'il eût
su que je devais venir. Il me dit avec la même
assurance que je reviendrais et me montra un chemin descendant. J'allai dans la direction du midi :
je passai de nouveau par la partie escarpée de la
montagne, puis à travers les nuages, et je descendis dans la riante contrée où il y avait tant d'animaux. Je vis *beaucoup de petites sources jaillir de la
montagne, se précipiter en cascades et courir en bas* : je
vis aussi des oiseaux, plus grands qu'une oie, à peu
près de la couleur de la perdrix, ayant trois ongles
devant et un seul derrière, avec une queue un peu
abaissée et un long cou, puis d'autres oiseaux au
plumage bleuâtre, ressemblant assez à l'autruche,
mais plus petits : je vis enfin tous les autres animaux.

« Dans ce voyage, je vis de nouveau bien des
choses et plus d'êtres humains que lors des premiers voyages. Je traversai une fois une petite rivière qui, comme je le connus intérieurement, sortait du lac d'en haut : plus tard j'en suivis les bords,
puis je la perdis de vue. J'arrivai alors à un endroit
où de pauvres gens de couleurs diverses se tenaient

sous des huttes. Il me sembla que c'étaient des
chrétiens captifs. Je vis venir à eux d'autres hommes
au teint brun, ayant des linges blancs autour de la
tête. Ils leur portaient de la nourriture dans des
corbeilles tressées : ils faisaient cela en étendant
le bras en avant, comme s'ils avaient peur, puis ils
s'enfuyaient, l'air épouvanté, comme s'ils se fussent exposés à quelque danger. Ces gens vivaient
dans une ville en ruines et habitaient des cabanes
de construction légère. Je vis aussi de l'eau où
croissaient des roseaux d'une épaisseur et d'une
force tout à fait extraordinaires. Je revins ensuite
près de la rivière : à cet endroit, elle était très-
large, semée d'écueils, d'îlots de sable et de beaux
massifs de verdure parmi lesquels elle se jouait.
C'était le même cours d'eau qui venait de la haute
montagne et que j'avais traversé plus haut, lorsqu'il
était encore petit : une grande quantité de gens au
teint brun, hommes, femmes et enfants, vêtus de
différentes manières, étaient occupés sur les rochers et les îlots à boire et à se laver. Ils avaient
l'air d'être venus de loin ; il y avait dans leur
manière d'être quelque chose qui me rappela
ce que j'avais vu sur les bords du Jourdain dans
la Terre Sainte. Il se trouvait là aussi un homme
de grande taille qui semblait être leur prêtre. Il
remplissait d'eau des vases qu'ils emportaient. J'ai
vu encore beaucoup d'autres choses : *je n'étais pas
loin du pays où a été saint François Xavier* : je traversai la mer en passant par-dessus des îles innombrables.

*
* *

« *22 décembre.* — Je sais pourquoi j'étais allée sur la montagne : mon livre se trouve parmi les écrits qui sont sur la table : il me sera rendu pour que je lise les cinq dernières feuilles. *L'homme assis devant la table reviendra en son temps.* Son char reste là comme souvenir éternel. *C'est sur ce char qu'il monta à cette hauteur, et les hommes, à leur grand étonnement, le verront redescendre sur ce char.* C'est là, sur cette montagne, *la plus élevée qui soit au monde et où personne ne peut arriver*, qu'ont été mis en sûreté, lorsque la corruption s'est accrue parmi les hommes, des trésors et des mystères sacrés. Le lac, l'île, les tours n'existent que pour que ces trésors soient conservés et garantis de toute atteinte. C'est par la vertu de l'eau qui est sur ce sommet que toutes choses sont rafraîchies et renouvelées. Le fleuve qui descend de là et dont l'eau *est l'objet d'une si grande vénération pour les hommes que j'ai vus*, a réellement une vertu et les fortifie : c'est pourquoi ils l'estiment plus que leurs vins (1). *Tous les hommes,* tous les biens sont descendus de cette hauteur et tout ce qui devait être garanti de la dévastation y a été préservé.

« L'homme qui est sur la montagne m'a connue : car j'ai là ma part. *Nous nous connaissons tous, nous tenons tous les uns aux autres.* Je ne puis pas bien l'exprimer ; mais nous sommes comme une semence répandue dans le monde entier. *Le paradis n'est pas loin de là. J'ai vu déjà antérieurement comment*

(1) Le Gange. (Note de l'auteur de l'*Histoire révélée.*)

Elie vit toujours dans un jardin devant le paradis.

*
* *

« 26 *décembre*. — J'ai vu de nouveau la montagne
des Prophètes. L'homme qui est dans la tente présentait à une figure venant du ciel et planant au-
dessus de lui des feuillets et des livres, et il en
recevait d'autres à la place. Cet esprit avait un extérieur différent du premier. Celui qui planait en l'air
me rappela vivement saint Jean. Il était plus agile,
plus prompt, plus aimable, plus délicat que l'homme
de la tente, lequel avait quelque chose de plus éner-
gique, de plus sévère, de plus strict, de plus in-
flexible. Le second se rapportait à lui comme le
Nouveau Testament à l'Ancien, c'est pourquoi je
l'appellerais volontiers Jean et j'appellerais l'autre
Elie. C'était comme si Elie présentait à Jean des révélations ayant eu leur accomplissement et en recevait de nouvelles. Là-dessus je vis tout à coup,
sortant de la nuée blanche, une source semblable
à un jet d'eau s'élever perpendiculairement sous la
forme d'un rayon d'apparence cristalline qui, à son
extrémité supérieure, se divisait en rayons et en
gouttes innombrables, lesquels retombaient, en
formant d'immenses cascades, jusqu'aux lieux les
plus éloignés de la terre : et je vis des hommes illuminés par ces rayons dans des maisons, dans des
cabanes, dans des villes de diverses parties du
monde. Je vis aussi, parmi les protestants les plus
attachés à leur secte, des individus recevoir par là
la lumière : elle commence à se mouvoir et à ger-
mer en eux ».

*
* *

Le 27 décembre, jour de la fête de saint Jean
l'Evangéliste, elle vit l'Eglise romaine brillante
comme un soleil. Il en partait des rayons qui se
répandaient sur le monde entier : « Il me fut dit
que cela se rapportait à l'Apocalypse de saint Jean,
sur laquelle diverses personnes dans l'Eglise doivent
recevoir des lumières, et cette lumière tombera tout
entière sur l'Eglise. J'ai vu une vision très-dis-
tincte à ce sujet, mais je ne puis pas bien la reproduire ».

CHAPITRE III.

Un coup d'œil sur le paradis.

13 *février* 1821. — Le Pèlerin apporta et mit sur
son lit, en présence de son frère et du confesseur,
un fragment d'ossement pétrifié, de la grosseur
d'un œuf, qui avait été trouvé dans la Lippe. Elle
était en contemplation, mais elle prit l'ossement de
la main gauche et le tint un certain temps sans remuer. Alors elle ouvrit les yeux, regarda le Pèlerin
qui s'attendait à des reproches pour lui avoir pré-
senté, au lieu d'une relique, l'os d'un animal, et dit,
toujours absorbée dans la contemplation : « Comment le Pèlerin entre-t-il dans ce beau et merveilleux jardin où mes regards seuls pénètrent ? J'y
vois le Pèlerin avec le grand animal : comment
cela se peut-il ? Ce que je vois est d'une beauté inexprimable : je ne puis le dire, je ne puis le rendre.
O mon Dieu, combien vous êtes admirable, puissant, magnifique et aimable dans vos œuvres ! Oh !
il y a là plus que tout ce qui est dans la nature !
Là, rien n'a subi le contact du péché ! il n'y a rien
de mauvais, tout est comme nouvellement sorti des
mains de Dieu ! Je vois là tout un troupeau d'animaux blancs. Leurs crinières descendent sur leur
dos comme des masses de cheveux bouclés. Ils dé-
passent de beaucoup la taille de l'homme et pourtant
ils courent aussi légèrement et aussi vite que
des chevaux. Leurs jambes sont comme des colonnes et pourtant ils posent les pieds si doucement ! Ils ont une longue trompe qu'ils peuvent

lever, baisser et tourner de tous les côtés comme
un bras : de longues dents, blanches comme la
neige, sortent de leur bouche : comme ils sont élé-
gants et propres ! Cet énorme animal est tout plein
de grâce : ses yeux sont petits, mais si intelligents,
si clairs, si doux ! cela ne peut s'exprimer. Ils ont
de larges oreilles pendantes : leur queue n'est pas
grande, mais elle est comme de la soie : on ne peut
pas y atteindre quand on lève le bras. Ah ! ils
doivent être bien vieux : comme leurs poils sont
longs ! Ils ont aussi des petits pour lesquels ils ont
une tendresse incroyable : ils jouent avec eux d'une
manière tout enfantine. Ils sont si intelligents, si
bons, si doux ! Ils courent en si bon ordre, en files
ou en rangs ! on dirait qu'ils ont des affaires qui
les occupent. Il y a là d'autres animaux. Ce ne sont
pas des chiens : ils sont d'un jaune doré : ils ont
de longues crinières et presque des visages humains. Ce sont des lions, mais si doux ! Ils se pren-
nent les uns les autres par la crinière et jouent ensemble. Je vois aussi des moutons et des chameaux,
des bœufs et des chevaux, tous blancs et brillants
comme de la soie ; il y a aussi des ânes blancs
d'une beauté merveilleuse. On ne peut dire combien
tout cela est beau ; quel ordre, quelle paix, quel
amour règnent partout ! Les animaux ne se font
pas de mal ; ils s'aident réciproquement. La plupart
sont blancs ou d'un jaune d'or : je ne vois presque
pas d'animaux à couleurs foncées. Et combien cela
est merveilleux ! ils ont toutes leurs demeures si
bien rangées et si bien distribuées ! ils ont comme
des chambres et des passages, et tout est si propre !
On ne peut pas se l'imaginer. Je ne vois pas d'hom-

mes, il n'y en a pas là : mais des esprits y viennent
sans doute pour mettre certaines choses en ordre,
on ne peut pas croire que des animaux fassent ce
que font ceux-ci ».

Après une pause, elle dit : « Voilà sainte Fran-
çoise Romaine et sainte Catherine de Ricci. Bien
au-dessus du beau jardin, il y a comme un soleil,
et c'est là qu'elles sont. Elles volent sur ses rayons
et regardent au-dessous d'elles. Je vois encore
beaucoup d'autres saints dans ce soleil qui est d'une
blancheur éblouissante. Il y a au-dessus de moi
comme une draperie de soie blanche étendue, qui
brille dans ce soleil, et là-dessus les Saints planent
et regardent en bas. Je sais tout maintenant. Toute
eau descend de là-haut. *C'est le paradis !* Les animaux y sont conservés. *Là, tout est encore comme
Dieu l'a créé* ; mais ce lieu me semble maintenant
beaucoup plus grand que le paradis ne l'était alors.
Aucun homme ne peut y entrer. L'eau sainte, magnifique, admirablement claire, qui jaillit de là et
parcourt si agréablement le jardin des animaux,
forme autour du paradis une grande muraille li-
quide. Ce n'est pas un lac, c'est un mur ; et comme
ce mur est merveilleux et brillant ! Dans le haut il
n'est fait que de gouttes d'eau, comme de pierres
précieuses. On dirait des gouttes de la rosée du
matin qui pendent aux haies. Telle est la partie supérieure, tout y est limpide comme du cristal. Ce
mur s'écoule par en bas en petits ruisseaux qui se
réunissent et forment beaucoup plus bas encore
une immense chute d'eau. Quel bruit elle fait ! Personne ne pourrait l'entendre sans devenir sourd.
Toute eau vient de là à nous, mais altérée et mélan-

géc. La montagne des Prophètes reçoit de là son eau et son humidité. La montagne des Prophètes est située *très-au-dessous de la cataracte, dans un lieu où toute l'eau est redevenue vapeur. La montagne des Prophètes est déjà haute comme le ciel : aucun homme ne peut y arriver et on ne voit sur elle que des nuages ; or, ce jardin est encore au-dessus d'elle de toute la hauteur du ciel, et l'endroit où j'ai vu les Saints est élevé à une semblable hauteur au-dessus du paradis.* Il n'y a pas là d'édifices en pierres, mais des berceaux, des salles, des allées pour les animaux *que la végétation forme comme d'elle-même.* Les arbres sont excessivement hauts : leurs troncs sont parfaitement droits et d'une rare élégance. J'en vois de blancs, de jaunes, de rouges, de bruns et de noirs. Non, ils ne sont pas noirs, mais d'un bleu argenté brillant. Et quelles merveilleuses fleurs ! Je vois beaucoup de roses, notamment beaucoup de roses blanches : elles sont très-grandes, viennent sur des tiges élevées et montent le long des arbres. Je vois aussi des roses rouges et de grands lis blancs. Je vois le gazon moelleux comme de la soie : mais je ne puis que voir, je ne puis pas sentir : c'est trop loin de moi. Comme ces pommes sont belles ! elles sont allongées et jaunes. Et comme les feuilles des arbres sont longues ! Les fruits du jardin de la maison des noces semblent difformes en comparaison de ceux-ci, et pourtant ils sont d'une beauté indicible, comparés aux fruits de la terre. Je vois aussi un grand nombre d'oiseaux : je ne puis dire combien ils sont beaux et lumineux, combien leur plumage est varié. Ils font leurs nids dans les fleurs, au milieu des plus belles fleurs. Je vois aussi des colombes s'en-

voler par-dessus le mur, portant dans leur bec des
feuilles et de petites branches. Je crois que les
feuilles et les fleurs qui me sont données quelquefois pour ma guérison viennent toutes de ce jardin.

« Je ne vois pas de serpents comme ceux qui
rampent sur la terre : mais il y a un joli petit animal, de couleur jaune, qui a une tête de serpent : il
est plus gros par en haut et extrêmement mince par
en bas. Il a quatre pattes et se dresse souvent sur
ses pieds de derrière ; alors il est de la hauteur d'un
enfant. Ses pieds de devant sont courts : ses yeux
clairs et intelligents : il est très-gracieux et très-
agile, mais j'en vois fort peu. Tel était l'animal qui
séduisit Ève ».

« Chose étonnante ! Il y a une porte dans la muraille d'eau et il y a deux hommes auprès. Ils reposent et dorment, le dos appuyé à la brillante
muraille d'eau, les mains jointes sur la poitrine,
les pieds tournés l'un vers l'autre. Ils ont de longs
cheveux bouclés. Ce sont des hommes appartenant
à la classe des esprits ; ils sont vêtus de longs
manteaux blancs et ils ont sous le bras de minces
rouleaux couverts d'une écriture brillante. Des
houlettes pastorales sont par terre auprès d'eux.
Ce sont des prophètes, oui, je le sens, ils sont en
relation avec celui qui est sur la montagne des
Prophètes. Et combien sont admirables les couches
ou les tombeaux dans lesquels ils reposent ! Les
fleurs croissent autour d'eux, brillantes de lumière
et formant des figures régulières. Elles entourent
leurs têtes, d'abord blanches, puis rouges, puis
vertes, puis bleues, toutes brillantes comme l'arc-
en-ciel ».

Alors le confesseur lui tendit la main et elle dit :
« Voici aussi un prêtre. Comment vient-il ici ? Cela
est bien : il faut qu'il voie les merveilles de Dieu ».

Le jour suivant, elle répéta tout son récit de la
vision, et y ajouta ce qui suit comme éclaircisse-
ment. « J'étais en dehors du mur du paradis,
comme élevée en l'air. Je pouvais voir par-dessus
et à travers le mur : je m'y mirais aussi en plusieurs endroits et je paraissais alors incroyable-
ment grande. Ce mur autour du paradis était formé
de gouttes d'eau qui étaient toutes comme triangu-
laires, rondes ou de formes diverses, et se touchaient sans laisser d'intervalles entre elles : mais
elles formaient toutes sortes de figures et de fleurs ;
c'était comme une étoffe à ramages. On pouvait
voir au travers : mais on ne voyait pas aussi distinctement que quand on regardait par-dessus. Le
rebord supérieur du mur avait la couleur de l'arc-
en-ciel et il n'y avait pas de figures : il s'élevait
vers le ciel, comme fait l'arc-en-ciel quand nous le
voyons sur la terre. Lorsqu'on suivait ce mur en
descendant, on voyait dans le bas des cristaux se
fondant, pour ainsi dire, en petits ruisseaux semblables à des fils d'argent et ceux-ci formaient ensuite une énorme cataracte. C'était un tel bruit
que je crois qu'on ne pourrait l'entendre sans
mourir. J'en ai encore les oreilles étourdies. Au-
dessous, à une plus grande profondeur, il semblait que cette chute d'eau s'évaporât en nuages et
la montagne des Prophètes paraissait recevoir de
là toute son eau. La porte était ouverte par en haut,
et cependant elle avait la forme d'une arcade. Le

rebord coloré du mur s'étendait à l'intérieur des
deux côtés et, vers le milieu, la lumière était plus
subtile comme lorsqu'on voit une chose à travers
une autre. Les bords du mur contre lesquels les
Prophètes s'appuyaient n'étaient plus en gouttes, ni
en cristaux, ils formaient une surface unie ayant la
blancheur de la neige ; c'était comme du lait, ou
comme une fine étoffe de soie. Les Prophètes avaient
de longs cheveux d'un blanc jaunâtre : leurs yeux
étaient fermés, ils étaient couchés comme sur des
lits de fleurs, les mains croisées sur la poitrine,
enveloppés dans de longs vêtements lumineux et le
visage tourné vers le monde. Leurs rouleaux étaient
minces et brillants : j'y vis des lettres bleues et
couleur d'or. Leurs crosses étaient blanches et sans
ornements. Autour d'eux je distinguais les fleurs,
ayant la couleur de l'arc-en-ciel, rangées régulièrement, et comme vivantes. Leur tète était envi-
ronnée d'une auréole de la couleur de l'arc-en-ciel,
comme la gloire des Saints, et dont l'extrémité se
perdait dans une lumière éblouissante. Cette porte
était située à l'Orient.

Quelques-uns des éléphants n'avaient pas le poil
épais et frisé comme les autres : leur peau était
unie. Les petits couraient entre leurs jambes comme
des agneaux. Ils avaient de grands berceaux de
feuillage où je les vis par couples avec leurs petits.
Je vis aussi des chameaux à poil blanc, de très-
beaux ânes rayés de bleu, des animaux tachetés de
blanc, de jaune et de bleu. Le serpent quadrupède
semblait être au service des autres animaux. Sa
couleur tirait sur le jaune.

« Dans l'eau limpide des ruisseaux, je vis des

poissons brillants et d'autres animaux. Je ne vis pas de vermine, ni de bêtes dégoûtantes telles que les crapauds. Tous les animaux avaient des places séparées et des sentiers régulièrement tracés.

« Il y a des hauteurs arrondies, sans déchirures, plantées de beaux arbres. Je vis la plus élevée de ces éminences et je crus que c'était le lieu où Adam avait reposé. Je vis une issue vers le nord, mais pas de porte, c'était comme des ténèbres qui commençaient, comme un trou, comme un précipice. Il me sembla aussi que c'était de là que les eaux s'étaient répandues pour le déluge. Auprès de la grande masse d'eaux d'où la cataracte se précipitait, je vis une grande plaine verdoyante semée d'ossements énormes, presque blancs, qui semblaient avoir été rejetés par l'eau. Tout en haut est le mur de cristal, un peu plus bas coulent les filets argentés, puis la vaste étendue d'eau d'où sort la cataracte avec son bruit assourdissant. La cataracte se perd en nuages, d'où la montagne des Prophètes reçoit son eau. Celle-ci est beaucoup plus bas à l'Orient. Tout y est déjà plus terrestre (1) ».

(1) Extrait de la *Vie d'Anne-Catherine Emmerich*, par le Père de Schmœger, de la Congr. du très-saint Rédempteur, traduite de l'allemand par l'abbé de Cazalès, vicaire-général de Versailles.

DEUXIÈME PARTIE.

COUP D'ŒIL GÉNÉRAL

JUSQU'A LA FIN DES TEMPS.

,

NOTICES HISTORIQUES

SUR LES PROPHÈTES ET LES VOYANTES

MENTIONNÉS DANS CETTE SECONDE PARTIE.

———o○⊹⊙⊹○o———

SŒUR MARIE DE LA CROIX, née Mélanie Calvat, à Corps, Isère, fut l'heureuse bergère témoin de l'apparition de la très-sainte Vierge sur la montagne de la Salette, en 1846.

La narration de cette manifestation de la miséricorde divine, écrite par la bergère elle-même devenue religieuse, à Castellamare di Stabia, en Italie, accompagnée de quelques notes de notre part, forme une notice biographique suffisante.

Son intéressante relation offre toutes les garanties d'authenticité et d'exactitude désirables. Elle fut rédigée par elle-même. Elle est signée de son nom. Nous la tenons de sa main, sans intermédiaire. Publiée d'abord par son directeur spirituel, Mgr Zola, évêque de Lecce, elle a été revue par la pieuse religieuse, spécialement pour entrer dans la rédaction du présent ouvrage. Les épreuves lui ont été transmises par notre imprimeur ; elle les a relues, corrigées et augmentées de quelques notes.

Cette relation avait été communiquée au Souverain Pontife, aux cardinaux résidants à Rome, et à nombre de personnes doctes.

On sait que, à la suite de l'apparition, on a construit sur la montagne de la Salette une église, deux couvents, érigé une archiconfrérie enrichie d'indulgences par Pie IX, et qu'une multitude de pèlerins ont retrouvé la santé près de la source miraculeuse. Enfin, on lira plus loin l'extrait d'une lettre récente de Mgr l'évêque de Grenoble, affirmant sa croyance. Ce sont autant de preuves de l'évènement merveilleux qui appuient de leur autorité la relation suivante.

Nous l'avons commentée à l'aide de révélations anciennes et modernes. Il sera agréable, croyons-nous, de connaître aussi les prophètes et les voyantes auxquels ont été empruntés nos commentaires. Voici donc quelques lignes de biographie sur chacun d'eux, en attendant que, dans les tomes suivants, l'occasion se présente d'en parler plus longuement.

Sainte Hildegarde, proclamée par ses contemporains la grande prophétesse des temps modernes, vécut de 1098 à 1180. La solitude du Rupertsberg, près Bingen, est située au confluent du Rhin et de la Mahe. Saint Bernard, les papes Eugène III, Anastase IV et Adrien IV, le Concile de Trèves, une multitude d'évêques, de docteurs, de princes, de personnages de tous rangs les Bollandistes, ont prononcé en faveur des révélations de sainte Hildegarde. Son cœur, conservé sans corruption, est vénéré dans l'église d'Eibingen. Nous citons sa *Connaissance des voies du Seigneur* et son *Livre des œuvres divines*.

Sainte Brigitte (1302 à 1373). Cette Sainte, originaire des rois de Suède, fut mariée au prince Ulphon, qui, au retour du pèlerinage à Saint-Jacques de Compostelle, fut guéri miraculeusement à Arras par saint Denis, puis se retira dans un couvent. Elle lui survécut trente ans, fonda l'Ordre du Saint-Sauveur dit aussi de Sainte-Brigitte. Puis, vingt ans avant sa propre mort, elle alla à Rome alors que les Papes étaient à Avignon ; elle y mourut. Le concile de Bâle, en 1435, approuva les conclusions du savant dominicain Jean de Torrecremata, qui devint cardinal, lesquelles étaient favorables à l'orthodoxie de ses révélations.

Sœur Catherine, née Zoé Labouré, à Fains-les-Moutiers (Côte-d'Or), fut une religieuse, des Filles de Saint-Vincent de Paul, à Paris. Venue au monde en 1806, elle est morte depuis quelques années. C'est à elle que fut révélée la dévotion à la médaille de la sainte Vierge conçue sans péché, dite miraculeuse, en 1830. Sa vie vient d'être publiée par MM. les Prêtres de la Mission dits Lazaristes. Nous citons son témoignage.

La Sœur de la Nativité, des Urbanistes de Fougères (Ille-et-Vilaine), a dicté à son directeur, avant et pendant la Révolution française de 1792, ses révélations. Elles ont été examinées à Londres, où il s'était réfugié, par plus de cent théologiens, dont sept ou huit évêques, vingt-cinq vicaires généraux, des docteurs, des professeurs de théologie, des abbés, auteurs d'ouvrages estimés, des curés et autres prêtres tant anglais que français. Elles sont consignées dans l'ouvrage intitulé : *Vie et révélations de la Sœur de la Nativité.*

Les autres notices, moins nécessaires dans ce volume, seront données dans les tomes suivants.

ÉVANGILE SELON SAINT MARC, CHAPITRE XIII,

COMMENTÉ, EXPLIQUÉ ET DÉVELOPPÉ

PAR LA PROPHÉTIE DE LA SALETTE.

Nota. — Les lettres entre parenthèses renvoient aux passages correspondants de la prophétie de la Salette.

« Lorsque Jésus était assis sur la montagne des « Oliviers, tourné vers le Temple, Pierre, Jacques, « Jean et André lui demandèrent en particulier :

— « Dites-nous quand ces choses arriveront, et « quel signe il y aura que toutes ces choses seront « sur le point d'être détruites (1).

— « Prenez garde que personne ne vous séduise, « leur répondit Jésus. Car plusieurs viendront sous « mon nom, qui diront : C'est moi qui suis le Christ ! « et ils en séduiront beaucoup (a).

« Lorsque vous entendrez parler de guerres et de « bruits de guerres, ne craignez point, parce qu'il « faut que cela arrive, mais ce ne sera pas encore « la fin (b).

« On verra se soulever peuple contre peuple, et « royaume contre royaume : il y aura des tremble- « ments de terre, en divers lieux (c), et des famines « (d) ; et ce ne sera là que le commencement des « douleurs.

(1) Dans S. Mathieu on lit : *Et quel signe il y aura de votre avènement et de la consommation des siècles.* (Chap. XXIV, 3.)

« Pour vous autres, prenez garde, car on vous
« fera comparaître dans les assemblées des juges ;
« on vous fera fouetter dans les synagogues, et vous
« serez présentés à cause de moi aux gouverneurs
« et aux rois, afin que vous me rendiez témoignage
« devant eux (e).

« Il faut auparavant que l'Evangile soit prêché à
« toutes les nations (f). Lors donc qu'on vous mènera
« pour vous livrer entre leurs mains, ne préméditez
« point ce que vous devez leur dire ; mais dites ce
« qui vous sera inspiré à l'heure même, car ce
« ne sera pas vous qui parlerez, mais le Saint-
« Esprit.

« Or, le frère livrera le frère à la mort, et le père
« le fils ; les enfants s'élèveront contre leurs pères
« et leurs mères et les feront mourir (g).

« Et vous serez haïs à cause de mon nom ; mais
« celui qui persévèrera jusqu'à la fin sera sauvé (h).

« Mais lorsque vous verrez l'abomination (dont
« parle le prophète Daniel) au lieu où elle ne doit
« pas être (i) (que celui qui lit comprenne), alors
« que ceux qui seront dans la Judée s'enfuient sur
« les montagnes : que celui qui sera sur la terrasse
« de sa maison ne descende point dans l'intérieur,
« et n'y entre pas pour en emporter quelque chose ;
« que celui qui sera dans le champ ne retourne
« point sur ses pas pour prendre son vêtement ;
« malheur aux femmes enceintes ou nourrices en
« ces jours-là (j) !

« Priez Dieu que ces choses n'arrivent point durant
« l'hiver, car l'affliction de ces temps-là sera si
« grande que depuis le premier moment où Dieu
« créa toutes choses, jusqu'à présent, il n'y en eut

« jamais de pareille, et qu'il n'y en aura jamais (k).

« Si le Seigneur n'avait abrégé ces jours, nulle
« chair n'aurait été sauvée ; mais il les a abrégés à
« cause des élus qu'il a choisis (l).

« Si quelqu'un vous dit alors : Le Christ est ici
« ou il est là, ne le croyez point. Car il s'élèvera
« de faux Christs et de faux prophètes, qui feront
« des prodiges et des choses étonnantes pour sé-
« duire, s'il était possible, les élus mêmes. Prenez
« donc garde à vous : vous voyez, je vous ai tout
« prédit (m).

« Mais après ces jours d'affliction, le soleil s'obs-
« curcira, et la lune ne donnera plus sa lumière (n).
« Les étoiles tomberont du ciel et les puissances
« qui sont dans les cieux seront ébranlées (o).

« Alors on verra le Fils de l'homme qui viendra sur
« les nuées avec une grande puissance et une grande
« gloire (p).

« Et il enverra ses anges pour rassembler ses
« élus des quatre coins du monde, depuis l'extrémité
« de la terre jusqu'à l'extrémité du ciel (q).

« Apprenez sur ceci une comparaison tirée du
« figuier : Lorsque ses branches sont déjà tendres,
« et qu'il pousse des feuilles, vous savez que l'été
« est proche. De même lorsque vous verrez toutes
« ces choses arriver, sachez que le Fils de l'homme
« est proche et qu'il est déjà à la porte.

« Je vous dis en vérité que cette génération (1)
« ne passera point que toutes ces choses ne soient

(1) Lisez : Cette *race des Juifs* ne finira point avant que
ce que je viens de prédire ne s'accomplisse. Ils se perpétueront
de génération en génération jusqu'à la fin du monde, époque
avant laquelle ils se convertiront.

« accomplies. Le ciel et la terre passeront, mais
« mes paroles ne passeront point.

« Quant à ce jour ou à cette heure-là, nul ne la
« sait, ni les anges qui sont dans le ciel, ni le Fils;
« mais le Père la connaît (1).

« Prenez garde, veillez et priez (2) : car vous ne
« savez quand ce temps viendra.

« Je suis comme un homme partant en voyage
« qui a laissé sa maison et donné à ses serviteurs
« ses ordres, ordonnant au portier d'être vigilant.

« Veillez-donc (r) : car vous ne savez quand le
« maître de la maison viendra; si ce sera le soir, à
« minuit, au chant du coq ou le matin.

« Ce que je dis à vous, je le dis à tous : *Veil-*
« *lez* (3) ».

(1) C'est du jour en particulier et de l'heure précise de l'avènement du Sauveur que cela s'entend, *car il venait d'en mar-
quer le temps en général*, et toutes les prophéties relatives à
la fin des temps en donnent des signes de plus en plus caractéristiques, celle de la Salette particulièrement. S. Athanase, répondant à des hérétiques, dit que J.-C. ignorait ce jour
comme Fils de l'homme, et non pas comme Fils de Dieu,
puisqu'il est Dieu même, et qu'il dit que son Père le sait.

(2) En ces trois mots : *Prenez garde, veillez et priez*, est
enfermée la conclusion de cet ouvrage, en même temps qu'un
plan de vie chrétienne. Il faut *être attentif* à ce qui se passe,
tant au dedans de soi qu'au dehors, à *veiller* pour n'être point
surpris, à *prier* pour obtenir de Dieu sa grâce, afin de s'acquitter utilement de ces trois devoirs et sauver son âme, seule
chose essentielle.

(3) La mort est pour chacun la fin de ce monde. Donc
chacun doit *veiller* à s'y préparer, comme les peuples doivent
être attentifs aux signes caractéristiques des dangers qui
auront lieu à la fin du monde.

L'APPARITION

DE LA TRÈS-SAINTE VIERGE

SUR LA MONTAGNE DE LA SALETTE

LE 19 SEPTEMBRE 1846,

RACONTÉE PAR LA BERGÈRE DE LA SALETTE,

PUBLIÉE A LECCE (ITALIE MÉRID.)

Par Mgr ZOLA

ÉVÊQUE DU DIOCÈSE DE CE NOM,

REPRODUITE AVEC L'AUTORISATION DE LA VOYANTE

ET CORROBORÉE

PAR D'AUTRES PROPHÉTIES.

L'APPARITION DE LA TRÈS-SAINTE VIERGE

SUR LA MONTAGNE DE LA SALETTE,

le 19 septembre 1846,

RACONTÉE PAR LA BERGÈRE DE LA SALETTE.

I.

La Veille.

Le 18 septembre, veille de l'Apparition de la sainte Vierge, j'étais seule, comme à mon ordinaire, à garder les quatre vaches de mes maîtres.

Vers les onze heures du matin, je vis venir auprès de moi un petit garçon. A cette vue, je m'effrayai, parce qu'il me semblait que tout le monde devait savoir que je fuyais toute sorte de compagnie. Cet enfant s'approcha de moi et me dit (1) :

(1) Sœur Marie de la Croix, née Mélanie Calvat, à Corps (Isère), aujourd'hui en Italie, était alors âgée de quatorze ans et allait en avoir quinze.

Pierre-Maximin Giraud avait à peine onze ans. Il est mort depuis quelques années.

La montagne de la Salette est située dans le Dauphiné, à environ 90 kilomètres de Grenoble : elle appartient à la chaîne des Alpes. On y arrive ordinairement et le plus commodément par le bourg de Corps, lieu de naissance de Mélanie et de Giraud, où passe la route qui met le chef-lieu du département de l'Isère en communication avec Gap et le midi de la France.

— « Petite, je viens avec toi. Je suis aussi de Corps ».

A ces paroles, mon mauvais naturel se fit bientôt voir. Faisant quelques pas en arrière, je lui dis :

— « Je ne veux personne ; je veux rester seule ».

Puis, je m'éloignai. Mais cet enfant me suivait en me disant :

— « Va, laisse-moi avec toi. Mon maître m'a dit de venir garder mes vaches avec les tiennes ; je suis de Corps ».

Moi, je m'éloignai de lui, en lui faisant signe que je ne voulais personne. Après m'être éloignée, je m'assis sur le gazon. Là, je faisais ma conversation avec les petites fleurs du bon Dieu. Un moment après, je regarde, et je trouve Maximin assis tout près de moi. Il me dit aussitôt :

— « Garde-moi, je serai bien sage ».

Mais mon mauvais naturel n'entendit pas raison. Je me relève avec précipitation, et m'enfuis un peu plus loin sans rien lui dire. Je me remis à jouer avec les fleurs du bon Dieu. Un instant après, Maximin était encore là à me dire qu'il serait bien sage, qu'il ne parlerait pas, qu'il s'ennuierait d'être tout seul, et que son maître l'envoyait auprès de moi, etc... Cette fois, j'en eus pitié ; je lui fis signe

---

Au nord de la Salette, un de ces sommets se fait remarquer par sa croupe arrondie, recouverte, en été, d'une riche verdure et surmontée aujourd'hui d'une grande croix : c'est le *Mont-sous-les-Baisses*, c'est la sainte Montagne. L'air y circule en liberté, à 1.800 mètres au-dessus du niveau de la mer. On y chercherait en vain un arbre, bien loin à la ronde. Sur ce plateau, éloigné de cinq kilomètres de la Salette, et si longtemps désert, s'élève maintenant, entre deux couvents, un splendide sanctuaire, en souvenir de l'apparition du 19 septembre 1846.

de s'asseoir. Moi, je continuai avec les petites fleurs du bon Dieu. Maximin ne tarda pas à rompre le silence, il se mit à rire (je crois qu'il se moquait de moi) ; je le regarde, et il me dit :

— « Amusons-nous, faisons un jeu ».

Je ne lui répondis rien. Car j'étais si ignorante, que je ne comprenais rien au jeu avec une autre personne, ayant toujours été seule. Je m'amusais seule avec les fleurs, et Maximin, s'approchant tout à fait de moi, ne faisait que rire, en me disant que les fleurs n'avaient pas d'oreilles pour m'entendre, et que nous devions jouer ensemble. Mais, je n'avais aucune inclination pour le jeu qu'il me disait de faire. Cependant je me mis à lui parler, et il me dit que les dix jours qu'il devait passer avec son maître allaient bientôt finir, et qu'ensuite il s'en irait à Corps chez son père, etc....

Tandis qu'il me parlait, la cloche de la Salette se fit entendre, c'était l'Angelus ; je fis signe à Maximin d'élever son âme à Dieu. Il se découvrit la tête et garda un moment le silence. Ensuite, je lui dis :

— « Veux-tu dîner ? »

— « Oui », me dit-il. « Allons ».

Nous nous assîmes ; je sortis de mon sac les provisions que m'avaient données mes maîtres. Selon mon habitude, avant d'entamer mon petit pain rond, je fis, avec la pointe de mon couteau, une croix sur mon pain, et au milieu un tout petit trou, en disant : « Si le diable y est, qu'il en sorte ; et si le bon Dieu y est, qu'il y reste ! » Et, vite, vite, je recouvris le petit trou. Maximin partit d'un grand éclat de rire, et donna un coup de pied à mon pain,

qui s'échappa de mes mains, roula jusqu'au bas de
la montagne et se perdit.

J'avais un autre morceau de pain, nous le man-
geâmes ensemble ; ensuite, nous fîmes un jeu.

Plus tard, comprenant que Maximin devait avoir
besoin de manger, je lui indiquai un endroit de la
montagne couvert de petits fruits. Je l'engageai à
aller en manger, ce qu'il fit aussitôt ; il en mangea
et en rapporta plein son chapeau.

Le soir, nous descendîmes la montagne, et nous
nous promîmes de revenir garder nos vaches
ensemble.

II.

Le 19 septembre 1846.

Le lendemain, 19 septembre, je me retrouve en
chemin avec Maximin ; nous gravissons ensemble
la montagne. Je trouvais que Maximin était très-bon,
très-simple, et que volontiers il parlait de ce dont
je voulais parler. Il était aussi très-souple, ne
tenant pas à son sentiment. Il était seulement un
peu curieux ; car quand je m'éloignais de lui, dès
qu'il me voyait arrêtée, il accourait vite pour voir
ce que je faisais, et entendre ce que je disais avec
les fleurs du bon Dieu. S'il n'arrivait pas à temps,
il me demandait ce que j'avais dit.

Maximin me dit de lui apprendre un jeu. La ma-
tinée était déjà avancée ; je lui dis de ramasser des
fleurs pour faire le Paradis. Nous nous mîmes tous
les deux à l'ouvrage ; nous eûmes bientôt une quantité de fleurs de diverses couleurs.

L'Angelus du village se fit entendre ; car le ciel

était beau, il n'y avait pas de nuages. Après avoir
dit au bon Dieu ce que nous savions, je dis à
Maximin que nous devrions conduire nos vaches
sur un petit plateau près du petit ravin, où il y
aurait des pierres pour bâtir le Paradis. Nous con-
duisîmes nos vaches au lieu désigné. Ensuite nous
prîmes notre petit repas. Puis, nous nous mîmes à
porter des pierres et à construire notre petite
maison. Elle consistait en un rez-de-chaussée, qui,
soi-disant, était notre habitation, et un étage au-
dessus qui était, selon nous, le Paradis. Cet étage
était tout garni de fleurs de différentes couleurs et
orné de couronnes suspendues par des tiges de
fleurs. Ce Paradis était couvert par une seule et
large pierre. Terminé, nous le regardions.

Le sommeil nous vint ; nous nous éloignâmes de
là à environ deux pas, et nous nous endormîmes
sur le gazon (2).

A mon réveil, ne voyant pas nos vaches, j'appelai
Maximin et je gravis le petit monticule. De là, ayant
vu que nos vaches étaient couchées tranquillement,
je redescendais et Maximin montait, quand tout

(2) Vers les onze heures, ils menèrent boire leurs vaches à
la *Fontaine des Bêtes.* Puis bientôt après, entendant la cloche
de l'*Angelus*, ils montèrent le long du ruisseau de la Sézia, qui
coule dans le ravin voisin, et prirent leur frugal repas près
d'une fontaine tarie, à une vingtaine de pas au-dessous du plateau ; ils finirent par s'endormir non loin de là, à quelques pas
l'un de l'autre.

Vers deux heures et demie, Mélanie, réveillée la première,
appela Maximin, pour aller à la découverte de leurs vaches.

Arrivés sur le plateau, ils les aperçoivent couchées sur le
versant de la montagne voisine. Alors ils redescendent pour
reprendre leurs sacs, qu'ils avaient laissés près de la fontaine
desséchée. Mélanie marchait la première.

à coup je vis une belle lumière, plus brillante que le soleil.

A peine ai-je pu dire ces paroles :

— « Maximin, vois-tu, là-bas ? Ah ! mon Dieu ! »

En même temps je laisse tomber le bâton que j'avais en main. Je ne sais ce qui se passait en moi de délicieux dans ce moment, mais je me sentais attirée. J'éprouvais un grand respect plein d'amour. Mon cœur aurait voulu courir plus vite que moi.

Je regardais bien attentivement cette lumière qui était immobile ; et, comme si elle se fût ouverte, j'aperçus une autre lumière bien plus brillante. Elle était en mouvement, et dans cette lumière une très-belle Dame était assise sur notre Paradis, ayant la tête dans ses mains (3).

Cette belle Dame s'est levée, elle a croisé médiocrement ses bras en nous regardant et nous a dit :

---

(3) Elle est assise sur la pierre du paradis enfantin dressé par Mélanie et Maximin, sans fouler les fleurs dont il est recouvert et orné. Ses pieds sont dans le lit desséché de la fontaine intermittente, les coudes appuyés sur ses genoux et la tête dans ses mains.

Un ruisseau intarissable, dont l'eau est miraculeuse et a produit nombre de guérisons, coule désormais sans intermittence du lieu où était assise la sainte Vierge.

L'apparition se produisit le 19 septembre 1846, un samedi des Quatre-Temps, vers le soir, c'est-à-dire lorsque, d'après la Liturgie, le 20 était déjà commencé comme jour ecclésiastique. A ce moment, l'Eglise chantait les premières vêpres de Notre-Dame des Sept-Douleurs, dont la fête tombait justement, cette année-là, le 20 septembre, disant : *O quam tristis et afflicta fuit illa benedicta Mater Unigeniti!* OH ! QU'ELLE FUT TRISTE ET DÉSOLÉE, LA MÈRE BÉNIE DU FILS UNIQUE DE DIEU !

— « Avancez, mes enfants, n'ayez pas peur : je suis
ici pour vous annoncer une grande nouvelle (4) ».

Ces douces et suaves paroles me firent voler jusqu'à elle ; mon cœur aurait voulu se coller à elle
pour toujours. Arrivée bien près de la belle Dame,
devant elle, à sa droite, celle-ci commença le discours suivant, en laissant échapper des larmes de
ses beaux yeux :

III.

La Révélation.

— « Si mon peuple ne veut pas se soumettre,
je serai forcée de laisser aller la main de mon
Fils. Elle est si lourde et si pesante, que je ne
puis plus la retenir.

« Depuis le temps que je souffre pour vous !
Si je veux que mon Fils ne vous abandonne pas, je suis obligée de le prier sans cesse.
Et vous n'en faites pas cas. Vous aurez beau
prier, beau faire, jamais vous ne pourrez com-
penser la peine que j'ai prise pour vous.

« Six jours vous ont été donnés pour travailler ;
Dieu s'est réservé le septième, et on ne veut pas
le lui accorder. C'est ce qui appesantit le bras
de mon Fils.

« Ceux qui conduisent les charrettes ne

(4) La *grande* et principale nouvelle, que la sainte Vierge a
annoncé dans cette circonstance, c'est l'approche des derniers
temps du monde. Cette période commence. Quelle sera sa durée
précise ? Nous l'ignorons.

savent pas parler sans y joindre le nom de mon
Fils.

« Ce sont les deux choses qui appesantissent
tant le bras de mon Fils.

« Si la récolte se gâte, ce n'est qu'à cause de
vous autres.

« Je vous l'ai fait voir l'année passée par les
pommes de terre ; vous n'en avez pas fait cas.
Au contraire, quand vous en trouviez de gâtées,
vous juriez, y mêlant le nom de mon Fils. Elles
vont continuer à se gâter ; à la Noël il n'y en
aura plus ».

Ici je cherchais à interpréter la parole : *pommes
de terre ;* je croyais comprendre que cela signifiait pommes (5). La belle et bonne Dame devi-
nant ma pensée reprit ainsi :

— « Vous ne comprenez pas, mes enfants ? Je
vais vous le dire autrement ».

La traduction en français est celle-ci :

« Si la récolte se gâte, vous en êtes la cause.
Je vous l'ai fait voir l'année passée par les
pommes de terre, et vous n'en avez pas fait
cas. Au contraire, quand vous en trouviez de
gâtées, vous juriez en vous servant du nom de
mon Fils. Elles vont continuer de se gâter, et à
la Noël il n'y en aura plus.

« Si vous avez du blé, il ne faut pas le semer.

« Tout ce que vous semerez, les bêtes le man-

(5) *Pomme de terre*, on l'appelle truffe dans la contrée.

geront ; et ce qui viendra tombera tout en poussière quand vous le battrez.

« Il viendra une grande famine (6). Avant que la famine vienne, les petits enfants au-dessous de sept ans prendront un tremblement et mourront entre les mains des personnes qui les tiendront ; les autres feront pénitence par la faim. Les noix deviendront mauvaises ; les raisins pourriront (7) ».

(6) Depuis trente-trois ans, l'affreuse famine parcourt la terre. Mais, depuis 1877, elle sévit avec plus de rigueur, enlevant des millions d'habitants dans une province de la Chine. L'Asie, l'Océanie, l'Afrique, l'Amérique, ont éprouvé ses tortures. En Europe, l'Irlande, la Turquie, l'Allemagne, etc., sont en ce moment ses victimes ; et, partout, un renchérissement des vivres affecte les populations. Une aggravation de cette triste situation est en perspective.

(7) Pie IX a rappelé l'accomplissement de la prophétie. « Priez Dieu », dit-il aux représentants des diocèses, 21 juin 1872, et lit-on à la page 454 des *Discours de Pie IX*, publiés par le R. P. Pasquale des Franciscis, « priez Dieu de nous « délivrer de tant de fléaux. Vous savez que le plus grand de tous, « c'est l'usurpation ; mais les éruptions des volcans, les inon- « dations, les tremblements de terre, les insectes qui dévorent « les productions les plus nécessaires au peuple, sont aussi des « fléaux. Ces fléaux sont autant de voix par lesquelles Dieu nous « rappelle à l'observation de nos devoirs… Je dis, et je le dis « publiquement, que : le *feu*, la *grêle*, la *neige*, la *glace*, les « *tourbillons des tempêtes*, oui, que toutes ces créatures *écoutent* « *la voix de Dieu*. On ne saurait nier que depuis le 20 sep- « tembre *fatal* (entrée des Piémontais dans Rome) les éléments « ont obéi à la main de Dieu, et qu'il s'en est servi non plus « comme un tendre père, mais comme un juge sévère. Des villes « dévorées par les flammes en Amérique, des ouragans sur toutes « la face de la terre, le feu qui sort des volcans et celui que « les impies allument dans leur desseins perfides de destruction :

Ici, la belle Dame qui me ravissait resta un moment sans se faire entendre. Je voyais cependant qu'elle continuait, comme si elle parlait, de remuer gracieusement ses aimables lèvres. Maximin recevait alors son secret (8). Puis, s'adressant à moi, la très-sainte Vierge me parla et me donna un secret en français. Ce secret, le voici tel qu'elle me l'a donné, pour la partie qui peut être livrée au public.

« tous ces fléaux détruisent les villes et dévorent les produits « de la terre. Oui, Dieu se montre irrité partout. Les ouragans « dévastaient naguère la Sicile, nous les avons vus parcourir les « côtes de l'Allemagne, et tout ne semble pas encore fini en ce « moment même. Il n'y a pas longtemps, ces mêmes instruments « de justice de Dieu se montraient en France, en Angleterre, « partout. Le Tout-Puissant par ces fléaux semblent dire aux « hommes d'Etat : Rappelez-vous qu'il y a un Dieu, et qu'il « vous défend de conduire la société dans les précipices où « vous voulez l'entrainer ; rappelez-vous que si les éléments « obéissent à ma voix, vous avez un devoir bien plus grand « encore, de l'écouter et de lui porter obéissance ». (Allocut. aux anc. employés des ministères, 22 déc. 1872 ; *Univers*, 26-27 déc. 1872.)

« Aujourd'hui que les périls croissent de plus en plus, que « notre sainte religion est attaquée de toutes parts, *il est besoin* « *de joindre à la prière le zèle et l'action pour le salut des* « *âmes* ». (Allocut. aux Dames de l'Ass. du Cœur de Marie, 8 mars 1874.)

(8) Le secret de Maximin se réduit à quelques lignes où l'on remarque principalement l'annonce de la venue prochaine de l'Antechrist.

IV

Le Secret.

« Mélanie, ce que je vais vous dire maintenant ne sera pas toujours secret, vous pourrez le publier en 1858.

« Dieu va frapper d'une manière sans exemple.

« Malheur aux habitants de la terre ! Dieu va épuiser sa colère, et personne ne pourra se soustraire à tant de maux réunis.

« Les chefs, les conducteurs du peuple de Dieu, ont négligé la prière et la pénitence, et le démon a obscurci leur intelligence. Ils sont devenus ces étoiles errantes que le vieux diable traînera avec sa queue pour les faire périr.

« Dans toutes les familles on souffrira des peines physiques ou morales. Dieu abandonnera les hommes à eux-mêmes. IL ENVERRA DES CHATIMENTS QUI SE SUCCÈDERONT PENDANT PLUS DE TRENTE-CINQ ANS (9).

(9) Du 19 septembre 1846 au 19 septembre 1881, il y aura trente-cinq années. Les perturbations physiques, sociales et religieuses commençant fin de mars 1881 et finissant en décembre de la même année, il serait vrai que les châtiments, complétés par le cataclysme, auraient duré plus de trente-cinq ans. En disant qu'ils ne paraissent pas devoir arriver à leur période d'intensité avant mars 1881, nous ne prétendons pas qu'ils auront lieu nécessairement en 1881. Au contraire, nous déclarons *formellement* ne rien savoir de la date par les révélations, et ne vouloir rien conjecturer à cet égard. Mais un signe précurseur des évènements devant être donné dans UN MOIS DE DÉCEMBRE, d'après une révélation particulière dont

« La société est à la veille des fléaux les plus terribles et des plus grands évènements. On doit s'attendre à être gouverné par une verge de fer et à boire le calice de la colère de Dieu.

l'authenticité et l'origine divine sont pour nous indubitables, alors, mais alors seulement, il nous sera possible d'annoncer, dans le journal *Le Libérateur* du mois de janvier suivant : « Nous entrons dans l'année des grands évènements prédits. »

A cette occasion, nous faisons remarquer le sens qu'il convient, probablement, de donner à ces paroles de la révélation divine, faite, en 1830, lorsque la *Médaille miraculeuse* fut montrée à la Sœur Labouré, fille de Saint-Vincent-de-Paul :

« Mon enfant, la croix sera méprisée ; on la jettera par terre ; on ouvrira de nouveau le côté de Notre-Seigneur ; les rues seront pleines de sang ; le monde entier sera dans la tristesse.

— « Quand cela arrivera-t-il ? »

« Et une lumière intérieure indiqua à la Sœur Catherine : *Quarante ans.*

« Une autre version, écrite de sa main, porte : *Quarante ans*, PUIS DIX, PUIS LA PAIX ».

De 1830 à 1870, *commencement* des hostilités de la Prusse contre la France, il s'est bien écoulé quarante ans.

Le *fait a duré* jusqu'en mars (conclusion de la paix), fin de mai (terme de la guerre civile), et au delà, car les Prussiens ont longtemps encore occupé une partie notable du territoire français.

A ne tenir compte que de la fin des hostilités entre les deux peuples belligérants, le fait qui doit se produire dix ans après ne saurait *commencer* avant 1881, pour la France. Nous ne disons pas : Il commencera en 1881. Mais nous le présumons.

Se terminerait-il, fin de la même année, par une victoire décisive (sans être finale) sur les ennemis du dehors et de l'intérieur, cette date ne marquerait que le *commencement* de la période de pacification en France, en Europe, dans le monde. A Henri V sont réservés l'honneur de sauver la France de l'anarchie et du démembrement, la mission de la restaurer et de la réorganiser ainsi qu'une grande partie de l'Europe, la gloire d'être le précurseur du grand monarque prédit et le beau mérite de tout préparer pour l'heureux avènement du règne uni-

« Que le Vicaire de mon Fils, le souverain
Pontife Pie IX (10), ne sorte plus de Rome après

versel de cet empereur annoncé depuis des siècles. Ainsi, *le
fait* de la pacification du pays avec des alternatives de conquêtes, non moins utiles à la religion qu'à l'Etat, et de glorieux repos, *aura duré dix années*. Ce temps correspond pré-
cisément à la durée que doit avoir le règne d'Henri V. La durée
de ce règne n'est pas une conjecture; elle est révélée.

Après Henri V, il y aura une régence dont nous ignorons
la durée; mais elle peut être conjecturée d'après certaines
prophéties.

Enfin, le règne du grand monarque amènera la PAIX, vraie,
parfaite, prédite par la Sœur Catherine Labouré et quarante
autres voix prophétiques. Ce règne durera une vingtaine d'années : nous le savons par une révélation récente et inédite.

(10) Dans son *Livre des œuvres divines*, les changements
survenus de nos jours à Rome comme en Allemagne sont pro-
phétisés, par sainte Hildegarde.

« En ces jours-là », dit-elle, « les empereurs romains, déchus
de la vaillance avec laquelle ils auront auparavant tenu les
rênes de l'Etat, verront se ternir leur gloire au point que, par
une juste punition de Dieu, le pouvoir suprême s'affaiblira peu
à peu en leurs mains *jusqu'à leur échapper totalement*, à
cause de leur vie négligente, tiède, sans caractère et sans
mœurs, comme sans efficacité pour le bien public, etc. »

Sainte Hildegarde vient de décrire la chute du Saint-Empire
romain qui a eu lieu au commencement de ce siècle et a été
suivie, de nos jours, de la ruine de cette primauté d'honneur
que l'Autriche conserva encore sur toute l'Allemagne jusqu'à la
dissolution de la Confédération germanique.

« Cependant », continue la Sainte, « après ce partage *sans
retour* de la couronne impériale, la *tiare apostolique* subira
elle-même un amoindrissement de sa puissance séculière, et il
arrivera un temps *où le Souverain Pontife* verra son pouvoir
temporel tellement réduit en comparaison du passé, *qu'il lui
sera à peine accordé de conserver Rome et quelques lieux
adjacents sous sa puissance sacerdotale* (a) : *Romam et*

(a) *Lib. div. oper.*, IIIᵉ part., *Vis.* x, nᵒ 25, col. 1026, édit. Migne.

l'année 1859 ; mais qu'il soit ferme et généreux :

pauca illi adjacentia loca vix etiam tunc sub infula sua obtineat ».

Le Pape n'a plus maintenant ce petit domaine temporel ; mais nous savons qu'il lui sera donné par Henri V qui fera aussi à l'Eglise une dotation, suffisante pour une équitable administration. Quant au royaume temporel d'avant 1859, jamais plus il n'existera, de la même manière et avec la même étendue.

Dans la prophétie de Plaisance, reproduite en 1854, 60, 62, 66 et 74, par divers auteurs, on lit ces vers :

Pastor erit, cœli claves, non regna, gubernans :
Le pasteur possèdera les clefs du Ciel, mais non la puissance royale.

Une prophétie, conservée dans la bibliothèque des Augustins, à Rome, confirme les deux prophéties que nous venons de mentionner.

Sainte Hildegarde reprend sa prophétie :

« Le Seigneur remettra à nos ennemis la verge de fer destinée à le venger cruellement de nos iniquités. Mais quand la société aura été enfin complètement purifiée par ces tribulations, les hommes, fatigués de tant d'horreurs, reviendront pleinement à la pratique de la justice et se rangeront fidèlement sous les lois de l'Eglise, qui nous rendent si agréables à Dieu, avec la crainte du Seigneur... La consolation remplacera alors la désolation ; de même que la loi nouvelle a succédé à l'ancienne loi, ainsi les jours de la guérison feront oublier par leur prospérité les angoisses de la ruine ; autrement, si l'inconstance et les scandales du monde devaient impunément se prolonger, la vérité serait tellement obscurcie, que les tours de la céleste Jérusalem en seraient ébranlées, et que les institutions de l'Eglise seraient foulées aux pieds, comme si Dieu n'existait pas pour les hommes.

« A ce moment de rénovation, la justice et la paix seront rétablies par des décrets si nouveaux et si peu attendus, que les peuples, ravis d'admiration, confesseront hautement que rien de semblable ne s'était vu jusque-là. Cette paix du monde avant les derniers temps, figurée par celle qui précéda le premier avènement du Fils de Dieu, sera néanmoins contenue : l'approche du dernier jour empêchera les hommes de se livrer pleinement à la joie ; mais ils s'empresseront de demander au Dieu

qu'il combatte avec les armes de la foi et de l'amour ; je serai avec lui.

tout-puissant qu'il les comble de toute justice dans la foi catholique ». (*Ibid.*, *Vis.* x, n° 17, col. 1020.)

Sainte Hildegarde qui vivait au douzième siècle (1098-1180) laisse la parole à l'extatique de notre siècle, Catherine Emmerich, morte en 1824, qui s'exprime ainsi sur les évènements contemporains et futurs :

« Je vis l'église e Saint-Pierre et une énorme quantité d'hommes qui travaillaient à la renverser ; mais j'en vis aussi d'autres qui y faisaient des réparations. Des lignes de manœuvres occupés de ce double travail s'étendaient à travers le monde entier, et je fus étonnée de l'ensemble avec lequel tout se faisait. Les démolisseurs détachaient de gros morceaux ; c'étaient particulièrement des sectaires en grand nombre et avec eux des apostats. Ces gens, en faisant leur travail de destruction, semblaient suivre certaines prescriptions et une certaine règle : ils portaient des tabliers blancs bordés d'un ruban bleu et garnis de poches, avec des truelles fichées dans la ceinture. Ils avaient d'ailleurs des vêtement de toute espèce : il se trouvait parmi eux des hommes de distinction, grands et gros, avec des uniformes et des croix, lesquels toutefois ne mettaient pas eux-mêmes la main à l'ouvrage, mais marquaient sur les murs avec la truelle les places où il fallait démolir.

.... « Souvent, quand ils ne savaient pas bien comment s'y prendre, ils s'approchaient, pour s'en instruire, d'un des leurs qui avait un grand livre où l'on aurait dit que toutes les manières de bâtir et de démolir étaient décrites. Alors ils marquaient de nouveau exactement avec la truelle un point qui devait être attaqué et sur lequel la démolition était promptement faite. Ces gens détruisaient avec un grand calme et d'une main sûre, mais timidement, furtivement et l'œil au guet.

Je vis le Pape en prières : il était entouré de faux amis qui souvent faisaient le contraire de ce qu'il prescrivait. Je vis un petit homme noir (c'était un laïque) travailler à la ruine de l'église avec une grande activité. Pendant que l'église était ainsi démolie d'un côté, on la rebâtissait de l'autre côté, mais

« Qu'il se méfie de Napoléon ; son cœur est

avec très-peu de zèle. Je vis plusieurs membres du clergé que je connaissais. Le vicaire général me causa une grande joie. Il passa, sans se troubler, à travers les démolisseurs et donna des ordres pour maintenir et réparer. Je vis aussi mon confesseur traîner une grosse pierre qu'il apportait en faisant un long détour. J'en vis apporter sous leur manteau une petite pierre ou la présenter à d'autres, comme si c'eût été une grande rareté. Ils semblaient tous n'avoir ni confiance, ni ardeur, ni méthode, et ignorer absolument de quoi il s'agissait. C'était déplorable. Déjà toute la partie antérieure de l'église était abattue : il n'y restait plus debout que le sanctuaire avec le saint Sacrement. J'étais accablée de tristesse et je me demandais toujours où était donc cet homme que j'avais vu autrefois se tenir sur l'église pour la défendre, portant un vêtement rouge et tenant une bannière blanche. Alors je vis une femme pleine de majesté s'avancer dans la grande place qui est devant l'église. Elle avait son ample manteau relevé sur les deux bras et elle s'éleva doucement en l'air. Elle se posa sur la coupole et étendit sur toute l'étendue de l'église son manteau qui semblait rayonner d'or. Les démolisseurs venaient de prendre un instant de repos ; mais, quand ils voulurent se remettre à l'œuvre, il leur fut absolument impossible d'approcher de l'espace couvert par le manteau. Cependant, de l'autre côté, ceux qui rebâtissaient se mirent à travailler avec une incroyable activité. Il vint des hommes d'un très-grand âge, impotents, oubliés, puis beaucoup de jeunes gens forts et vigoureux, des femmes, des enfants, des ecclésiastiques et des séculiers, et l'édifice fut bientôt restauré entièrement. Je vis alors un nouveau Pape venir avec une procession. Il était plus jeune et beaucoup plus sévère que le précédent. On le reçut avec une grande pompe. Il semblait prêt à consacrer l'église, mais j'entendis une voix disant qu'une nouvelle consécration n'était pas nécessaire, que le très-saint Sacrement y était toujours resté. On devait alors célébrer très-solennellement une double fête : un jubilé universel et la restauration de l'Eglise. Le Pape, avant de commencer la fête, avait déjà disposé ses gens qui repoussèrent et renvoyèrent de l'assemblée des fidèles, sans trouver aucune contradiction, une foule de membres du haut et du bas clergé. Je vis qu'ils quittèrent l'assemblée en murmu-

double. Quand il voudra être à la fois pape et

rant et pleins de colère. Le Pape prit à son service de tout
autres personnes, ecclésiastiques et même laïques. Alors commença la grande solennité dans l'église de Saint-Pierre. Les
hommes au tablier blanc continuaient à travailler à leur œuvre
de démolition sans bruit et avec circonspection, quand les
autres ne les voyaient pas : ils étaient craintifs et avaient toujours l'œil au guet ».

« 30 décembre. — Je vis de nouveau l'église de Saint-Pierre
avec sa haute coupole. Saint Michel se tenait au sommet brillant de lumière, portant un vêtement rouge de sang et tenant
à la main un grand étendard de guerre. Sur la terre il y avait
un grand combat. Des verts et des bleus combattaient contre
des blancs, et ces blancs, qui avaient au-dessus d'eux une épée
rouge et flamboyante, paraissaient avoir le dessous : mais tous
ignoraient pourquoi ils combattaient. L'église était toute rouge
de sang comme l'ange, et il me fut dit qu'elle serait lavée dans
le sang. Plus le combat durait, plus la couleur sanglante s'ef-
façait de l'église et elle devint de plus en plus transparente.
Cependant l'ange descendit, alla aux blancs, et je le vis plusieurs fois en avant de toutes leurs cohortes. Alors ils furent
animés d'un courage merveilleux, sans qu'ils sussent d'où cela
leur venait ; c'était l'ange qui multipliait ses coups parmi les
ennemis, lesquels s'enfuirent de tous côtés. Le glaive de feu
qui était au-dessus des blancs victorieux disparut alors. Pendant le combat, des troupes d'ennemis passaient continuelle-
ment de leur côté, et une fois il en vint une très-nombreuse.
Au-dessus du champ de bataille, des troupes de saints parurent
aussi dans l'air : ils montraient, indiquaient ce qu'il fallait faire,
faisaient des signes avec la main : tous étaient différents entre
eux, mais inspirés d'un même esprit et agissant dans un même
esprit.

« Lorsque l'ange fut descendu du haut de l'église, je vis
au-dessus de lui dans le ciel une grande croix lumineuse à
laquelle le Sauveur était attaché ; de ses plaies sortaient des
faisceaux de rayons resplendissants qui se répandaient sur le
monde. Les plaies étaient rouges et semblables à des portes
éclatantes dont le centre était de la couleur du soleil. Il ne
portait pas la couronne d'épines, mais de toutes les plaies de
la tête partaient des rayons qui se dirigeaient horizontalement

empereur, bientôt Dieu se retirera de lui. Il est

sur le monde. Les rayons des mains, du côté et des pieds avaient les couleurs de l'arc-en-ciel ; ils se divisaient en lignes très-menues, quelquefois aussi ils se réunissaient et atteignaient ainsi des villages, des villes, des maisons sur toute la surface du globe. Je les vis ça et là, tantôt de loin, tantôt de près, tomber sur divers mourants et aspirer les âmes qui, entrant dans un de ces rayons colorés, pénétraient dans la plaie du Seigneur. Les rayons de la plaie du côté se répandaient sur l'église placée au-dessous, comme un courant très-abondant et très-large. L'église en était tout illuminée, et je vis la plupart des âmes entrer dans le Seigneur par ce courant de rayons.

« Je vis aussi planer à la surface du ciel un cœur resplendissant d'une lumière rouge, duquel partait une voie de rayons blancs qui conduisait dans la plaie du côté et une autre voie de rayons qui se répandait sur l'église et sur beaucoup de pays ; ces rayons attiraient à eux un très-grand nombre d'âmes qui, par le cœur et la voie lumineuse, entraient dans le côté de Jésus. Il me fut dit que ce cœur était Marie. Outre ces rayons, je vis de toutes les plaies des échelles s'abaisser vers la terre ; quelques-unes n'y atteignaient pas tout à fait. Ces échelles étaient de formes différentes, étroites ou larges, avec des échelons qui s'étendaient plus ou moins loin. Elles étaient, soit isolées, soit pressées les unes contre les autres ; il pouvait bien y en avoir une trentaine. Elles étaient, suivant les couleurs du Purgatoire, foncées d'abord, puis plus claires, d'une nuance grise et s'illuminant à mesure qu'elles montaient. Je vis beaucoup d'âmes grimper péniblement sur ces échelles. Plusieurs montaient rapidement, comme si quelqu'un les aidait, et ne cessaient pas d'avancer ; d'autres se pressaient confusément et retombaient sur des échelons inférieurs ; quelques-unes tombaient tout à fait dans les ténèbres. L'effort avec lequel elles gravissaient était très-touchant, comparé à l'attraction joyeuse à laquelle d'autres obéissaient. Il semblait que celles qui montaient toujours, aidées dans leur ascension, étaient dans un rapport plus intime avec l'Église que celles qui étaient empêchées, arrêtées, délaissées, précipitées. Je vis aussi beaucoup de ces âmes dont les corps étaient restés sur le champ de bataille, prendre chacune leur voie pour entrer dans le corps du Seigneur. Derrière la croix, dans les profondeurs du ciel, je

cet aigle qui, voulant toujours s'élever,

vis des séries entières de tableaux représentant à une distance
qui allait toujours s'éloignant la préparation de l'œuvre de la
rédemption ; mais je n'ai pas de paroles pour exprimer tout
cela. Il semblait que ce fussent les stations de la voie de la
grâce divine à travers l'histoire du monde jusqu'à son terme
final dans la rédemption. Je ne restais pas toujours au même
endroit. Je me mouvais de côté et d'autre à travers et entre les
rayons, et je voyais tout. Ah ! ce que je vis était incommensu-
rable, indescriptible. Je vis aussi tout à coup comme si la
montagne des Prophètes était poussée vers la croix et rappro-
chée d'elle ; cependant elle avait ses racines sur la terre et
restait unie à elle. Elle me présenta le même aspect que lors
de la première vision, et plus haut, derrière elle, je vis de
merveilleux jardins tout lumineux dans lesquels j'apercevais
des animaux et des plantes brillantes : j'eus le sentiment que
c'était le Paradis.

« Pendant que le combat s'achevait sur la terre, l'église et
l'ange, qui disparut bientôt, étaient devenus blancs et lumineux.
La croix aussi s'évanouit et à sa place se tenait debout sur
l'église une grande femme brillante de lumière qui étendait au
loin au-dessus d'elle son manteau d'or rayonnant. Dans l'église
on vit s'opérer une réconciliation accompagnée de témoignages
d'humilité. Je vis des évêques et des pasteurs s'approcher les
uns des autres et échanger leurs livres : les sectes reconnais-
saient l'église à sa merveilleuse victoire et aux clartés de la révélation qu'elles avaient vues de leurs yeux rayonner sur elle.
Ces clartés venaient des rayons du jet d'eau que saint Jean avait
fait jaillir du lac de la montagne des Prophètes. Lorsque je vis
cette réunion, je ressentis une profonde impression de l'approche
du royaume de Dieu. Je sentis une splendeur et une vie supé-
rieures se manifester dans toute la nature, et une sainte émotion
s'emparer de tous les hommes, comme au temps où la naissance
du Seigneur était proche, et je sentis tellement l'approche du
royaume de Dieu que je me sentis forcée de courir à sa ren-
contre et de pousser des cris de joie. J'ai eu déjà le sentiment de l'avènement de Marie dans ses premiers ancêtres. Je
vis leur souche s'ennoblir à mesure qu'elle s'approchait du point
où elle produirait cette fleur. Je vis arriver Marie ; comment
cela, je ne puis l'exprimer ; c'est de la même manière que j'ai

tombera sur l'épée dont il voulait se servir

toujours le pressentiment d'un rapprochement du royaume de
Dieu. Je ne puis le comparer qu'à cet autre sentiment dont je
parlais. Je l'ai vu s'approcher, attiré par l'ardent désir de beaucoup de chrétiens, pleins d'humilité, d'amour et de foi ; c'était
le désir qui l'attirait. Je vis sur la terre de petites troupes d'a-
gneaux lumineux conduits par des bergers, et je vis tous ces
bergers comme étant les bergers de Celui qui, en qualité d'a-
gneau, a donné son sang pour nous tous ; il y avait dans les
hommes un amour infini et une force divine. Je vis des bergers
que je connaissais et qui étaient voisins de moi, mais qui ne
soupçonnaient rien de tout cela, et je désirais vivement les éveil-
ler de leur sommeil. Je me réjouissais comme un enfant de ce
que l'Église était ma mère, et j'eus une vision très-frappante
des années de mon enfance, lorsque notre maître d'école nous
répétait : « Celui qui ne regarde pas l'Eglise comme sa mère ne
« regarde pas non plus Dieu comme son père ». J'étais redevenue
enfant et je me disais comme alors : « L'église est en pierre,
« comment donc peut-elle être ma mère ! Et pourtant il est vrai
« qu'elle est ma mère ! » Et je croyais en toute simplicité que
j'entrais dans ma mère quand j'allais à l'église. C'est pourquoi
je m'écriais aussi dans la vision : « Oui, elle est certainement
« ma mère ». Je vis alors tout à coup l'Église sous l'image d'une
femme belle et majestueuse, et je lui demandai pourquoi elle se
laissait ainsi négliger et maltraiter par les siens. Je la priai
aussi de me donner son fils et elle me mit dans les bras l'enfant
Jésus avec lequel je m'entretins longtemps. Alors j'eus la belle et
douce assurance que Marie était l'Eglise, et l'Eglise notre mère,
et Dieu notre père, et Jésus notre frère. — Je fus toute joyeuse
de ce qu'étant enfant j'étais entrée dans l'église, dans la mère
de pierre, et de ce que je m'étais dit, inspirée par la grâce de
Dieu : « Oui, j'entre dans ma sainte mère ».

« Je vis une grande fête dans l'église qui, après la victoire
remportée, rayonnait comme un soleil. Je vis un nouveau Pape
très-austère et très-énergique. Je vis, avant le commencement
de la fête, beaucoup d'évêques et de pasteurs chassés par lui,
parce qu'ils étaient mauvais. Je vis les saints apôtres prendre une
part toute spéciale à la célébration de cette fête dans l'église. Je
vis alors tout près d'être exaucée la prière « que votre règne nous
arrive ». Il me semblait voir des jardins célestes, brillants de

pour obliger les peuples à le faire élever (11).

« L'Italie sera punie de son ambition en voulant secouer le joug du Seigneur des seigneurs ; aussi elle sera livrée à la guerre.

« Le sang coulera de tous côtés : les églises seront fermées ou profanées, les prêtres, les religieux seront chassés (12) ; on les fera mourir, et mourir d'une mort cruelle (13). Plusieurs abandonneront la foi ; et le nombre des prêtres et des religieux qui se sépareront de la vraie religion sera grand ; parmi ces personnes il se trouvera même des évêques (14).

lumière, descendre d'en haut, se réunir sur la terre à des endroits où le feu était allumé, et baigner tout ce qui était au-dessous dans une lumière primordiale. Les ennemis qui avaient pris la fuite dans le combat ne furent pas poursuivis ; mais ils se dispersèrent de tous côtés ».

(Extrait de la *Vie d'Emmerich*, écrite par le P. Schmœger de la Congrégation du T.-S. Rédempteur, traduite de l'allemand par l'abbé de Cazalès, vicaire général de Versailles, 1872.)

(11) La guerre de 1870 qui a causé sa chute. Jamais un Bonaparte ou un prince d'Orléans ne régnera sur la France, désormais. Ce n'est point une conjecture. Ce renseignement, de la plus haute importance, a été révélé à la principale des extatiques actuellement existantes.

(12) L'expulsion des Ordres religieux ou la persécution contre eux, déjà réalisée, en Italie, en Espagne, en Suisse, en Allemagne, vient de recevoir en France, un commencement d'exécution par les décrets illégaux rendus le 29 *mars* 1880. Nous prions de bien retenir la date du 29 *mars* et de s'en souvenir en 1881.

(13) Le principal moyen de donner la mort sera nouveau. Nous l'indiquerons, d'après une révélation, et décrirons même la forme de l'instrument de supplice, dans le Tome II.

(14) En petit nombre.

« Que le Pape se tienne en garde contre les faiseurs de miracles (*a* et *m*); car le temps est venu que les prodiges les plus étonnants auront lieu sur la terre et dans les airs (15).

« En l'année 1864, Lucifer, avec un grand nombre de démons, sera détaché de l'enfer (16).

(*a*) Nous rappellerons, une fois pour toutes, que ces renvois par lettres italiques indiquent la conformité de ce point de la révélation faite à la Salette avec tel ou tel verset de l'Evangile selon saint Marc, dont le chapitre XIII est imprimé de la page 35 à la page 38.

(15) Cet avertissement semble concerner surtout l'époque qui précédera immédiatement la venue de l'Antechrist et le temps de son action publique. Voyez plus loin, les notes 18 et 19 des pages 64 et 65.

(16) « Je vis descendre du ciel un ange qui avait la clef de « l'abîme et une grande chaîne dans sa main. Il saisit le Dra- « gon, l'antique serpent, qui est le diable et Satan, et le lia « pour mille ans. Et il le précipita dans l'abîme, ferma la « porte sur lui et scella, afin qu'il ne séduise plus les nations, « jusqu'à ce que mille ans soient accomplis. Après quoi il doit « être délié pour un peu de temps ».

Charlemagne, ce zélé et puissant protecteur de l'Eglise, est couronné empereur d'Occident par Léon III, en l'an 800, au milieu des acclamations de tous les peuples soumis à son vaste empire. Pénétré de vénération envers le chef de l'Eglise, il avait déjà auparavant confirmé toutes les donations faites au Saint-Siège par Pépin, son auguste prédécesseur. Depuis lors, il est incontestable que le Vicaire de Jésus-Christ occupe un rang parmi les souverains de la terre. Il était dans les desseins de la Providence que le Père commun des fidèles, des rois comme des sujets, obligé de veiller sur toutes les églises du monde, d'avoir des relations avec toutes les cours, chargé d'une administration immense, fût établi dans un état de parfaite indépendance.

Quand est-ce que Satan est saisi par l'ange et précipité dans l'abîme ? En l'an 800. La longue chaine qui sert à le lier n'est

« Ils aboliront la foi peu à peu, même dans des

autre que la puissante et durable protection que l'Eglise trouve dans Charles le Grand, dans les rois très-chrétiens, ses successeurs, et dans une multitude de monarques et de princes, qui désormais se feront gloire d'être ses enfants et ses défenseurs. La clef du cachot et le sceau imprimé sur la porte désignent la double autorité spirituelle et temporelle du Souverain Pontife. C'en est fait. Le Dragon infernal restera enchaîné pendant l'espace de mille ans, non-seulement parce qu'il ne pourra plus se servir des puissances de la terre pour exécuter ses complots, mais encore parce qu'il trouvera dans ces mêmes puissances un obstacle insurmontable. Peu de temps auparavant, les empereurs, les rois et les grands du monde étaient les ennemis déclarés de l'Eglise ; mais, depuis 800, tous parfaitement convertis, deviennent ses amis et ses protecteurs. Voilà ce qui tient Satan lié et garrotté. Les forces qui étaient à sa disposition sont maintenant dirigées contre lui.

« Le terme de mille ans expiré, il sera délié pour un peu de « temps ».

Comment cela ? c'est que l'enfer suscitera une nouvelle puissance qui vaincra les puissances protectrices de l'Eglise, et détruira, *pour un peu de temps*, l'indépendance de son chef visible : les sociétés secrètes dirigées par la juiverie.

Il en est du règne de mille ans comme de tous les empires temporels. On doit distinguer son établissement, son accroissement, sa splendeur, sa décadence et enfin sa ruine.

Or, la décadence du pouvoir temporel a commencé avec la révolution. Pie VI, arraché de ses Etats par le Directoire, en 1798, meurt en France en 1799 ; et Pie VII en est spolié en 1809, par le premier des Napoléon, qui porta le coup fatal à cette puissance temporelle de la papauté, *mille ans* après son affermissement par Charlemagne. Depuis, elle a végété avec des alternatives qui ont finalement ruiné son action et détruit son prestige.

Dans cet intervalle de mille ans, « j'ai vu », dit le Prophète, « des trônes (le Saint-Siège) et des (papes) « s'assirent dessus « et la puissance de juger (peuples et rois) leur fut donnée ; « et les âmes des martyrs ont en quelque sorte *revécu* (par « les honneurs divins, le culte de leurs personnes et de leurs « reliques), et ils ont régné (sur les cœurs) avec le Christ pen-

personnes consacrées à Dieu. Ils les aveugleront d'une telle manière, qu'à moins d'une grâce particulière, ces personnes prendront l'esprit de ces mauvais anges.

« Les mauvais livres abonderont sur la terre. Les esprits de ténèbres répandront partout un relâchement universel pour tout ce qui regarde le service de Dieu ; ils auront un très-grand pouvoir sur la nature. Il y aura des églises pour servir ces esprits (17).

« On fera ressusciter des morts : des justes (18) ou des damnés.

« dant ces mille ans ». — Cette interprétation est de l'abbé Wurtz. (Voyez les *Préc. de l'Ant.*) Elle fut réimprimée pour la septième fois, en 1822.

Mais, à dater de la grande Révolution, l'influence diabolique, par l'organe de la franc-maçonnerie principalement, a repris beaucoup d'empire.

Catherine Emmerich, qui prophétisait de 1820 à 1824, annonçait qu'alors l'enfer s'ouvrait de nouveau laissant la liberté de nous nuire à quelques-uns de ses anges rebelles ; et voilà que la très-sainte Vierge Marie nous déclare que, depuis 1864, un déchaînement des démons plus général se manifeste, monte à l'assaut de la citadelle de l'Eglise pour la renverser sur les ruines de la société. « Et *après* que les mille ans « seront accomplis », dit l'ange de l'Apocalypse, « Satan sera « délié et sortira de sa prison »... Déjà, nous le voyons à l'œuvre. Que sera-ce jusqu'au jour de la grande et décisive bataille ? « La société est à la veille des fléaux les plus terribles », dit la sainte Vierge. Voyez page 52.

(17) Le spiritisme, que le marquis de Mirville appelait la grande hérésie des derniers temps. Elle compte plus de quinze millions d'adhérents.

(18) C'est-à-dire que ces morts prendront la figure d'âmes justes qui auront vécu sur la terre, afin de mieux séduire les hommes. Ces soi-disant morts ressuscités, qui ne seront autre

« Leurs âmes paraîtront comme unies à leurs corps (19),

« Il y aura en tous lieux des prodiges extraordinaires, parce que la vraie foi s'est éteinte et que la fausse lumière éclaire le monde.

« Le Vicaire de mon Fils aura beaucoup à souffrir, parce que, pour un temps, l'Église sera livrée à de grandes persécutions.

Ce sera le temps des ténèbres.

L'Église aura une crise affreuse.

« La sainte foi de Dieu étant oubliée, chaque individu voudra se guider par lui-même et être supérieur à ses semblables. On abolira les pouvoirs civils et ecclésiastiques ; tout ordre et toute justice seront foulés aux pieds. On ne verra qu'homicide, haine, jalousie, mensonge et discorde, sans amour pour la patrie, ni pour la famille (20) et (g).

---

chose que le démon sous ces figures, prêcheront un Evangile contraire à celui du vrai Christ-Jésus, niant l'existence du ciel. (*Note de la Sœur Marie de la Croix.*)

Voyez une note (32) de sainte Hildegarde, page 78.

(19) Cela se passe actuellement dans les réunions des spirites. Nous connaissons un personnage de cette secte, appartenant à la noblesse, intelligent et instruit, qui nous a maintes fois raconté avoir vu son père défunt, et s'être entretenu avec lui. Nous ne sommes pas encore parvenu à le dissuader de son illusion, et à le convaincre qu'il n'a vu et entendu que le diable sous la forme et l'apparence aérienne de son père. Voir les notes 18 et 32.

(20) *Tenez-vous pour averti,* écrivait l'apôtre saint Paul à Timothée, QU'A LA FIN DES SIÈCLES, *les dangers vous*

« Le Saint-Père souffrira beaucoup. Je serai avec lui jusqu'à la fin pour recevoir son sacrifice.

« Les méchants attenteront plusieurs fois à sa vie, sans pouvoir nuire à ses jours ; *mais ni lui, ni son successeur...* ne verront le triomphe de l'Église de Dieu.

« Les gouvernants civils auront tous un même dessein qui sera d'abolir et de faire disparaître tout principe religieux, pour faire place au matérialisme, à l'athéisme, au spiritisme et à toutes sortes de vices.

« Que ceux qui sont à la tête des communautés religieuses se tiennent en garde à l'égard des personnes qu'ils doivent recevoir ; parce que le démon usera de toute sa malice pour introduire dans les ordres religieux des personnes adonnées au péché. Car les désordres et l'amour des plaisirs charnels seront répandus par toute la terre.

« La France, l'Italie, l'Espagne et l'Angleterre seront en guerre. Le sang coulera dans les rues ; le Français se battra avec le Français, l'Italien avec l'Italien. Ensuite il y aura une guerre générale

environneront de toutes parts. Les hommes seront égoïstes, cupides, hautains, superbes, blasphémateurs, désobéissants à leurs parents, ingrats, criminels, sans affection, sans union, accusateurs, incontinents, cruels, sans compassion, traîtres, emportés, suffisants, sacrifiant Dieu à la volupté, offrant les dehors de la piété, mais n'en possédant pas les vertus. (II Tim., c. III, v. 1-2.)

qui sera épouvantable (*b*). Pour un temps, Dieu ne se souviendra plus de la France ni de l'Italie, parce que l'Evangile de Jésus-Christ n'est plus connu. Les méchants déploieront toute leur malice ; on se tuera, on se massacrera mutuellement jusque dans les maisons (21) et (*g*).

« Au premier coup de son épée foudroyante, les montagnes et la nature entière trembleront d'épouvante, parce que les désordres et les crimes des hommes percent la voûte des cieux.

« Paris sera brûlé et Marseille englouti (22).

(21) Nous renvoyons de nombreux détails prophétiques inédits au tome II de ce travail. Il aura pour titre : *L'Invasion, la guerre civile, le cataclysme général.*

(22) Nous proposant de publier une brochure spéciale sur *La destruction de Paris*, nous nous bornons, aujourd'hui, à ce seul extrait de la correspondance Hohenlohe : « Paris sera détruit. Le feu qui tomba sur Sodome et Gomorrhe tombera sur cette ville ; et, pour la détruire, le ciel s'unira à la terre (*feu souterrain, volcanique*, changement de lit de la Seine obstruée.) Trois jours, Paris sera enseveli sous une pluie de souffre, et on n'y verra plus que des précipices, etc., etc. ». Une église, quelques maisons spécialement préservées, n'empêchent pas qu'on puisse dire, d'une manière générale, que Paris sera totalement détruit.

L'Apocalypse ; Anselme, évêque de Lunium au douzième siècle, et à la même époque une prophétie trouvée parmi les papiers de saint Thomas d'Aquin ; Jérôme Bottin, 1410 ; les prophéties d'Orval, de Prémol, des PP. Ricci et Nektou, du frère B..., en 1734 ; de S., X. X., de P. L. ; du B. Labre ; des religieuses Trappistines 1820, de Belley, 1823, de Lyelbe, 1823 ; Cath. Emmerich, morte en 1824 ; l'abbé Souffrand ; une voyante de Grenoble, 1853, et d'autres extatiques du temps présent confirment ce point de la prophétie donnée à Mélanie de la Salette.

Marseille ne peut être englouti *par la mer* qu'autant qu'une

« Plusieurs grandes villes seront ébranlées et englouties par des tremblements de terre (c) : on croira que tout est perdu.

« On ne verra qu'homicides (b). on n'entendra que bruits d'armes (b) et que blasphèmes.

« Les justes souffriront beaucoup ; leurs prières, leur pénitence et leurs larmes monteront jusqu'au ciel. Tout le peuple de Dieu demandera pardon et miséricorde, et implorera mon aide et mon intercession.

« Alors, Jésus-Christ, par un acte de sa justice et de sa grande miséricorde pour les justes,

partie des eaux de la Méditerranée s'élèvera au-dessus des bords du littoral actuel. Dans ce cas, le débordement de la mer ne semble pas devoir se borner à l'engloutissement de la seule ville de Marseille : toutes les villes du littoral, situées au Nord de la Méditerranée, devront être plus ou moins exposées au même fléau, d'après la loi du niveau et de l'équilibre.

A la page 147 de son ouvrage récent : *La prophétie des Pontifes romains*, M. Péladan rapporte une révélation faite à une extatique du Sud-Ouest de la France et consignée dans une lettre de St-A., le 21 décembre 1879, où nous remarquons cette phrase : « Puis il lui fut dit, au sujet des évènements, *que beaucoup périront par les flots* ».

Cette phrase rappelle des prophéties plus anciennes :

« Il y aura », dit le P. Nektou, « un moment si affreux qu'on se croira à la fin du monde. Les *éléments seront soulevés :* ce sera comme un petit jugement. Il périra en cette catastrophe une grande multitude ».

« La mer mugira et s'élèvera contre le monde ». (*S. Césaire.*)

« Les éléments doivent-ils donc encore servir votre colère ?

« Arrêtez, Seigneur, arrêtez ! nos villes s'abîment d'elles-mêmes ». (*Prémol.*)

Nous réservons pour le tome II une explication de l'évènement extraordinaire qui causera ce fléau aquatique.

commandera à ses anges que tous ses ennemis soient mis à mort. Tout à coup les persécuteurs de l'Église de Jésus-Christ et tous les hommes adonnés au péché périront, et la terre deviendra comme un désert (23).

(23) Le vénérable Barthélemi Holzhauser, né sur la fin du seizième siècle, était doyen de Bingen, sous Mayence ; il mourut en odeur de sainteté en 1658. Dans son *Interprétation de l'Apocalypse*, il donne du cinquième âge de l'Eglise, qui est notre époque sur le point de prendre fin, une description prophétique trop remarquable pour être passée sous silence. Il parle du *Pontife saint*, qu'il ne faut pas confondre avec le *Pasteur angélique*. Ce Pontife sera contemporain du monarque *puissant*, Henri V, roi d'Occident et d'Orient, qu'il ne faut pas prendre pour l'empereur universel, lequel, ayant douze rois pour lieutenants, gouvernera plus tard la terre entière.

« Le cinquième âge de l'Eglise », dit-il, « commença sous l'empereur Charles-Quint et le pape Léon X, vers l'an 1520. Il durera jusqu'au Pontife saint et au monarque puissant *qui viendra dans notre âge,* et sera appelé le *secours de Dieu,* c'est-à-dire rétablissant toutes choses. Le cinquième âge est un âge d'affliction, de désolation, d'humiliation et de pauvreté pour l'Eglise, et il peut être appelé avec raison un âge *purgatif* (*purgativus*). Car c'est dans cet âge que Jésus-Christ a épuré et épurera son froment par des guerres cruelles, par des séditions, par la famine et la peste, et par d'autres calamités horribles, affligeant et appauvrissant l'Eglise latine par beaucoup d'hérésies, et aussi par les mauvais chrétiens qui lui enlèveront un grand nombre d'évêchés, des monastères presque innombrables de riches prévôtés, etc., etc. L'Eglise se verra accablée et appauvrie par les impositions et les exactions des princes catholiques ; de telle sorte que c'est avec raison que nous pouvons gémir, maintenant, et dire avec le prophète Jérémie, dans son livre des *Lamentations*, I, 1 : « La reine des cités est tributaire ». Car l'Eglise est humiliée et avilie, parce qu'elle est blasphémée par les hérétiques et par les mauvais chrétiens, ses ministres sont méprisés, et il n'y a plus pour eux ni honneur, ni respect. C'est par là que Dieu épurera son froment et en

« Alors, se fera la paix, la réconciliation de Dieu avec les hommes. Jésus-Christ sera servi, adoré et glorifié ; la charité fleurira partout (24).

jettera la paille au feu, tandis qu'il rassemblera le bon grain pour le mettre dans son grenier. Enfin, le cinquième âge de l'Eglise est un âge d'affliction, un âge d'extermination, un âge de défection rempli de calamités. Car il restera peu de chrétiens sur la terre qui auront été épargnés par le fer, la famine et la peste. Les royaumes combattront contre les royaumes, et tous les Etats seront désolés par des dissensions intestines. Les principautés et les monarchies seront bouleversées ; il y aura un appauvrissement presque général et une très-grande désolation dans le monde. L'*Eglise Sardes* est un type de ce cinquième âge. Car le mot *Sardes* signifie principe de beauté, c'est-à-dire, principe de la perfection qui suivra dans le sixième âge ».

(Nous renvoyons beaucoup d'autres détails extrèmement intéressants au tome II, celui-ci n'offrant qu'un *Coup d'œil général et rapide des évènements*).

(24) « Le sixième âge de l'Eglise », reprend le Vén. Holzhauser, « commencera avec le monarque puissant et le Pontife saint, dont on a déjà parlé, et durera jusqu'à l'apparition de l'Ante-christ. Cet âge sera un âge de consolation. Toutes les nations seront rendues à l'unité de la foi catholique. Le sacerdoce fleurira plus que jamais, et les hommes chercheront le royaume de Dieu et sa justice en toute sollicitude. Les hommes vivront en paix, chacun dans sa vigne et dans son champ. Cette paix leur sera accordée, parce qu'ils se seront réconciliés avec Dieu même. Ils vivront à l'ombre des ailes du monarque puissant et *de ses successeurs*... Car ce monarque puissant, qui viendra comme envoyé de Dieu, détruira les Républiques de fond en comble ; il soumettra tout à son pouvoir et emploiera son zèle pour la vraie Eglise du Christ. Toutes les hérésies seront reléguées en enfer. L'empire des Turcs sera brisé, et ce monarque règnera en Orient et en Occident. Toutes les nations viendront et adoreront le Seigneur leur Dieu dans la vraie foi catholique et romaine. Beaucoup de saints et de docteurs fleuriront sur la terre. Les hommes aimeront le jugement et la justice. La paix règnera dans tout l'univers, parce que la puissance divine liera Satan pour plusieurs

« Les nouveaux rois seront le bras droit de la sainte Église, qui sera forte, humble, pieuse, pauvre, zélée et imitatrice des vertus de Jésus-Christ.

« L'Évangile sera prêché partout (*f*) et les hommes feront de grands progrès dans la foi, parce qu'il y aura union parmi les ouvriers de Jésus-Christ, et que les hommes vivront dans la crainte de Dieu (25) ».

années, etc.; jusqu'à ce que vienne le fils de perdition, qui le déliera de nouveau ».

(*La suite sera donnée dans le tome II.*)

(25) Sainte Hildegarde décrit cette heureuse époque :

« Les Juifs se joindront alors aux chrétiens et reconnaîtront avec allégresse l'arrivée de Celui qu'ils niaient jusque-là être venu en ce monde. Cette paix arrivera au comble et portera à la perfection la paix figurative qui régna au premier avènement du Fils de Dieu. *Alors surgiront*, en effet, *des saints admirablement revêtus du don de prophétie*, et *l'on verra une surabondante floraison de tout germe de justice dans les fils et les filles des hommes*, comme il a été annoncé au nom du Très-Haut par le Prophète, son serviteur, disant : *En ces jours-là, le germe du Seigneur s'épanouira dans toute sa magnificence et sa gloire, la terre verra se produire une sublime perfection, et l'allégresse régnera parmi les enfants d'Israël en possession de leur Sauveur.* (Isaïe, IV, 2.)

« Dans ce jour des bénédictions, du sein d'une atmosphère suave s'épancheront sur la terre les plus douces nuées ; elles la couvriront de verdure et de fruits, parce que les hommes s'adonneront alors à toutes les œuvres de justice, tandis que dans les jours précédents, si désolés par les mœurs efféminées du monde, les éléments, violentés par les péchés des hommes, auront été réduits à l'impuissance de rien produire de bon. Les princes rivaliseront de zèle avec leurs peuples pour faire régner partout la loi de Dieu. Ils interdiront l'usage des armes de

« Cette paix parmi les hommes ne sera pas
longue ; vingt-cinq ans d'abondantes récoltes
leur feront oublier que les péchés des hommes

guerre, le fer ne sera plus employé à d'autres usages qu'à
cultiver la terre et à pourvoir aux nécessités de la vie. Ceux qui
s'en serviront autrement seront punis par le fer et mis au ban
des nations. (*Ibid.*, III° partie, *Vis.* x, n° 20, col. 1022.)

« Comme les nuées féconderont alors la terre par leur douce
rosée (n° 20, col. 1022), ainsi l'Esprit-Saint répandra avec abondance sur les peuples, par la rosée de sa grâce, la science, la
sagesse et la sainteté : tous seront ainsi transformés en des
hommes nouveaux. On verra alors comme un été spirituel répondre à l'influence de la vertu d'En-Haut : toutes choses seront
rétablies dans la vérité ; les prêtres et les religieux, les vierges
et les âmes uniquement vouées à Dieu, les différents ordres de
la société persévéreront dans la voie étroite de la justice et du
bien, sans plus se soucier de l'abondance et de la superfluité des
richesses, parce que, par la grâce de Dieu, la vie spirituelle
montera à la hauteur de l'abondance des biens de la terre. La
vérité apparaîtra sans ombres, la sagesse manifestera ses trésors d'allégresse et de vertus héroïques ; tous les fidèles s'y con-
sidèreront comme dans un miroir de salut.

En même temps les saints anges, que l'infection des iniquités
du monde n'éloigne que trop souvent de la société des hommes,
viendront se joindre familièrement à eux, charmés qu'ils seront
de ce renouvellement et de la sainteté de leur vie.

Cette joie des justes, arrivés comme en vue de la terre pro-
mise et soutenus de l'espérance des récompenses éternelles, ne
sera point cependant parfaite, parce qu'ils verront clairement
que le jour du jugement est proche.

« Les Juifs et les hérétiques ne mettront pas de bornes à leurs
transports : « Enfin », s'écrieront-ils, « l'heure de notre propre
« justification est venue, les liens de l'erreur sont tombés de
« nos pieds, nous avons rejeté loin de nous le fardeau si lourd
« et si attardant de la prévarication ».

« La foule des fidèles sera notablement accrue par des flots
de païens, entraînés par tant de splendeur et d'abondance.
Après leur baptême, ceux-ci se joindront aux croyants pour
annoncer le Christ comme au temps des Apôtres. S'adressant

sont cause de toutes les peines qui arrivent sur la terre (26).

« Un avant-coureur de l'antechrist avec ses troupes de plusieurs nations combattra contre le vrai Christ, le seul Sauveur du monde ; il répandra beaucoup de sang, et voudra anéantir le culte de Dieu pour se faire regarder comme un Dieu (27).

« La terre sera frappée de toutes sortes de plaies (outre la peste et la famine qui seront générales) ; il y aura des guerres jusqu'à la dernière guerre qui sera alors faite par les dix rois

aux Juifs et aux hérétiques encore endurcis : Ce que vous appelez votre gloire, leur diront-ils, va devenir votre mort éternelle, et celui que vous honorez comme votre chef va périr sous vos yeux au sein de l'horreur la plus épouvantable et la plus périlleuse pour vous. En ce jour, vous vous rendrez à notre appel, *sous les rayons de Marie*, l'étoile de la mer ».

(26) *Les 25 ans d'abondantes récoltes* peuvent commencer plusieurs années après l'avènement de Henri V ou n'être pas successives, mais séparées par des années de récolte commune, médiocre même. Ce nombre n'infirme en rien les dix ans de règne assignés à Henri V et les vingt ans au grand Roi, d'après une révélation certaine.

(27) Nous voici transportés vers l'an 1920 environ. Nous ignorons de quelle durée sera la période, qui s'ouvrira vers cette date pour finir à l'action personnelle de l'Antechrist. (*Conjecture.*)
« Sache donc », disait Notre-Seigneur à sainte Brigitte, vers l'an 1373, « qu'avant la venue de l'Antechrist la porte de la foi sera ouverte à beaucoup de peuples infidèles. Après quoi, lorsque les chrétiens aimeront les hérésies et que les partisans de l'iniquité fouleront le clergé aux pieds, ainsi que toute justice, on aura, à ne point s'y tromper, le signe que l'Antechrist n'est plus loin ». (Revel. S. Brigittæ, lib. VI, c. LXVII, p. 540, édition de Munich 1680.)

de l'antechrist, lesquels rois auront tous un même dessein et seront les seuls qui gouverneront le monde (*b, c, d, e*).

« Avant que cela arrive, il y aura une espèce de fausse paix dans le monde ; on ne pensera qu'à se divertir ; les méchants se livreront à toutes sortes de péchés. Mais les enfants de la sainte Eglise, les enfants de la foi, mes vrais imitateurs, croîtront dans l'amour de Dieu et dans les vertus qui me sont les plus chères. Heureuses les âmes humbles conduite par l'Esprit-Saint ! Je combattrai avec elles jusqu'à ce qu'elles arrivent à la plénitude de l'âge (*h*).

« La nature demande vengeance contre les hommes, et elle frémit d'épouvante dans l'attente de ce qui doit arriver à la terre souillée de crimes.

« Tremblez, terre, et vous qui faites profession de servir Jésus-Christ et qui au dedans vous adorez vous-mêmes, tremblez ; car Dieu va vous livrer à son ennemi, parce que les lieux saints sont dans la corruption ; beaucoup de couvents ne sont plus les maisons de Dieu, mais les pâturages d'Asmodée et des siens (*i*).

« Ce sera pendant ce temps que naîtra l'antechrist d'une israélite (28), fausse vierge,

---

(28) Il est hors de doute qu'il sera de race juive : sur ce point la tradition est unanime. Il est même probable qu'il sera de la tribu de Dan. Les saints Irénée (lib. 5 Hæres.), Hyppolyte (de Antich.), Augustin (Ambros. lib. de benedict, patriarchar. C. J.), Prosper (Prosp. de promissionibus et benedictionibus Patrum. part. IV) et Grégoire (Orig. lib. 31 de moralibus), puis le sa-

vant Théodoret (Theod. quæst. 109 in Genes.), l'ont affirmé en
s'appuyant sur la Genèse (XLIX, 18) : « Que Dan devienne semblable à la couleuvre du chemin et au serpent du sentier », sur
Jérémie, VIII, 46 : « Nous avons entendu du côté de Dan, le
hennissement des chevaux », et enfin, sur le chap. VII de
l'Apocalypse.

« Ici est la sagesse. Que celui qui a l'intelligence compte le
nombre de la bête. Car c'est le nombre d'un homme, et son
nombre est 666 ». (*Apocalypse*, XIII, 18.) — « De quoi s'agit-
il ? » demande l'abbé Wurtz. « De découvrir le nom de la bête
effroyable que saint Jean a vue sortir de la mer, c'est-à-dire du
sein des révolutions et des agitations humaines, et de le devi-
ner... Ce n'est pas tout. Il ne s'agit pas seulement de trouver
le nom de l'impie des derniers jours, mais encore un nom qui
convienne à tous ses sectateurs. Car il est dit : « Personne ne
« pourra vendre ni acheter, que celui qui aura le caractère,
« ou le nom de la bête, ou le nombre de son nom ».

« Ces deux noms, dont l'un est propre et l'autre qualificatif,
doivent tous deux, pris séparément, former le nombre 666.

« Saint Jean écrit son Apocalypse en grec, dans une langue
où toutes les lettres sont numérales. Cherchons donc le mot
grec dont toutes les lettres additionnées donnent : 1º le nom
qualificatif de la bête, 2º le qualificatif de ses adorateurs, 3º le
nombre 666.

« Or, le mot APOSTAT, en grec ἀποστάτης (*Apostatés*),
réunit ces trois conditions en formant 666.

A	ἀ	1
P	π	80
O	o	70
ST	στ	6
A	ἀ	1
T	τ	300
E	η	8
S	ς	200
Total...		666

« Etre apostat, ou avoir le nombre de la bête, est donc sy-
nonyme, puisque *Apostatés* forme très-exactement 666.

« Ce n'est pas tout de savoir ceux qui auront le nombre de
la bête, il faut connaître encore le nom de l'impie.

« Rappelez-vous que le prophète Daniel, dans une de ses vi-

qui aura communication avec le vieux serpent (29).

sions, aperçut Mahomet et l'Antechrist séparés par un fleuve qui désigne le laps de temps qui doit s'écouler entre l'un et l'autre : ce qui donne fortement à soupçonner que l'empire de l'Antechrist a commencé dans celui du Prophète de la Mecque et qu'il sera lui-même le dernier Mahomet, ou du moins son dernier successeur.

« Si cette conjecture des plus habiles interprètes est véritable, le nom de l'impie est trouvé : MAHOMET, en grec : Μαομετις (*Maometis*) ».

M	M	40
A	α	1
O	ο	70
M	μ	40
E	ε	5
T	τ	300
I	ι	10
S	ς	200
	Total...	666

Nous laissons à l'abbé Wurtz qui se livrait à ces calculs, en 1822, dans son ouvrage : *Les précurseurs de l'Antechrist*, alors à sa septième édition, le mérite et la responsabilité de ses conjectures. Nous remarquerons néanmoins que son origine juive et son nom musulman, sans être absolument incompatibles, étonnent dans l'Antechrist.

(29) « Pour mieux contrefaire les saintes institutions de l'Eglise », dit la Sœur de la Nativité, « les impies (de cette époque) établiront de prétendues religieuses qui se voueront, de paroles, à la continence et se nommeront, par excellence, les Epouses des Cantiques, ou les Epouses du Saint-Esprit. Elles seront d'un grand secours pour l'œuvre du démon. Il les rendra d'une beauté ravissante, et exercera par elles des prestiges qui fascineront tous les yeux et feront regarder ces vestales comme des divinités. Les révélations, les prédictions de l'avenir, les extases, les ravissements en corps et en âme leur arriveront fréquemment et sous les yeux de tous. On n'entendra parler que de leurs prodiges et des miracles des ministres de l'erreur ; car, de leur côté, ils ne feront pas moins d'efforts pour faire illusion au peuple par des choses surprenantes où le démon en-

trera pour beaucoup, jusque-là qu'après leur mort il enlèvera
en l'air quelques-uns de ses suppôts dans des globes de feu,
afin de les faire adorer comme des dieux immortels. Aussi,
l'on peindra leurs images dans les temples, et l'on dira hautement qu'une Eglise qui produit de pareils miracles est bien plus
sainte que l'Eglise catholique.

« Mais qu'on ne s'y trompe pas, ce sont des miracles comme
ceux de Simon le Magicien, des magiciens d'Egypte et autres
imposteurs dont le démon s'est servi plus d'une fois pour com-
battre la vraie religion.

« Incapables de subir aucune épreuve, ces œuvres de Satan ne
passeront qu'à la faveur du sortilège et des enchantements de
ce père du mensonge. Qu'on en juge, du reste, par la conduite
secrète de *ces faiseurs et faiseuses de miracles* (sans doute,
Notre-Dame de la Salette faisait allusion en ces mêmes termes
à cette époque principalement), et qu'on apprécie le fruit par
l'arbre, et l'arbre par le fruit. Ces prétendus saints illuminés et
ravis en Dieu, ces thaumaturges si révérés pour leurs prodiges,
s'assembleront de nuit avec les prétendues *Epouses des Cantiques et de l'Esprit-Saint*, ces vierges soit-disant vénérables
et saintes, vouées à la continence et à la chasteté, dans des
lieux secrets et favorables à leurs desseins pervers.

« Je vois qu'une des impures *Epouses des Cantiques* doit
donner le jour à l'Antechrist, qui vraisemblablement aura pour
père un des principaux chefs des magiciens ».

Sainte Hildegarde avait déjà su que : « l'homme de péché
naîtra d'une femme impie qui, dès son enfance, aura été initiée
aux sciences occultes et aux artifices du démon. Elle vivra dans
le désert avec des hommes pervers et s'abandonnera au crime
avec une ardeur d'autant plus effrénée, qu'elle s'y croira auto-
risée par les *communications d'un ange*. (Ce sont les expres-
sions mêmes de Notre-Dame de la Salette.) Et ainsi, dans les
feux d'une brûlante concupiscence, elle concevra, sans savoir de
quel père, ce fils de perdition. Alors elle enseignera que la for-
nication est permise ; elle se donnera pour sainte, et sera ho-
norée ainsi. Mais Lucifer, *l'antique et rusé serpent*, remplira
de son souffle infernal l'ignoble fruit de ses entrailles et *possèdera tout entier le fils du péché*. (*Scivias*, lib. III. Ex.
Vis. XI, p. 112, et seq.)

Sainte Brigitte nous apprend que : « De même que les enfants
de Dieu viennent au monde de parents fidèles, ainsi l'Antechrist

« En naissant (30), il vomira des blasphèmes, il aura des dents ; en un mot, il sera comme serait le diable incarné (31). Il poussera des cris effrayants.

naîtra d'une femme maudite, mais feignant la sainteté, et d'un homme maudit, desquels le démon formera son œuvre, par ma permission, dit Notre-Seigneur ».

D'accord avec la révélation de la Salette, S. Jean Damascène et quelques autres pères ont enseigné qu'il naîtrait d'un commerce illicite.

Il est faux que l'Antechrist doive naître du commerce de Satan avec une vierge, comme Jésus est né d'une vierge par l'opération du Saint-Esprit (*De Antechristo*, inter opera Augustini). La génération humaine, en dehors des lois de la nature, est une œuvre de la puissance créatrice. Il n'appartient qu'à Dieu de créer une âme, et d'en vivifier un corps naturellement organisé. Néanmoins Suarez (*De myst. vit.*), Ch. Bellarmin (*de Summ. Pontif.*) et autres théologiens reconnaissent que le démon pourrait produire des illusions à cet égard. (Voir la *Mystique* de Gœrres, *Des esprits*, par de Mirville, etc.) L'Antechrist ne sera pas le démon, né d'une vierge fantastique et revêtu d'une chair de même nature, comme l'a cru saint Hippolyte (Hippol., *De Antech.*). Il ne sera pas non plus une incarnation véritable du démon, c'est-à-dire un être à la fois homme et démon, comme Notre-Seigneur Jésus-Christ est Dieu et homme (Origen., *in Joan.*). Il est certain qu'il sera un homme véritable, car l'Ecriture l'appelle « homme de péché » (*Thess.*, II, 3).

(30) Il naîtra à Babylone, ou viendra de Babylone, d'après saint Jérôme (*in cap.* II *Daniel.*), Soto (*in 4 distinct.*, 49, I, art. 1), Peter. (*lib.* XIV, *in Daniel.*) et Suarez (*t.* II, *in 3 part., disp.* 54, *sect.* 5), et autres Pères ou théologiens.

Le vénérable Holzhauser (1642 à 1654), dans le t. II, dit : « Quelque grande que doive être l'étendue de l'Eglise latine dans le sixième âge, jamais cependant la Palestine, la Terre-Sainte et d'*autres royaumes de l'Orient* n'appartiendront au bercail de Jésus-Christ. Car *c'est dans ces terres réservées* aux Gentils que *naîtra et que surgira le royaume du fils de perdition*, que tous les Juifs reconnaîtront pour leur Roi ».

(31) « Il surpassera », dit saint Cyrille de Jérusalem (*Catech.*,

« Il fera des prodiges (*a* et *n*), il ne se nourrira que d'impuretés.

« Il aura des frères qui, quoiqu'ils ne soient pas comme lui possédés du démon, seront des enfants de mal. A douze ans, ils se feront remarquer par leurs vaillantes victoires qu'ils remporteront ; bientôt, ils seront chacun à la tête des armées, assistés par des légions de l'enfer (32).

15) », la malice de tous les méchants et de tous les impies qui l'ont précédé ». « Il sera plongé tout entier dans le mal : *Totus in malo positus* (I Jean, v, 19) ». Entre ses vices on remarquera surtout son orgueil satanique. Comme Lucifer, il s'attaquera à Dieu même : Daniel et saint Paul nous l'apprennent. « Il s'adonnera aux turpitudes de la passion des femmes : *et erit in concupiscentiis fœminarum* (Daniel, XI, 37) ». Ses instincts cruels l'ont fait comparer par l'Ecriture aux bêtes les plus féroces (Apocal., XIII, 2). Hypocrite, il passera pour vertueux. Son éloquence sera irrésistible (Apoc., XIII). Génie naturel, vaste et puissant, « sa sagesse » (lisez *science*), dit saint Anselme, « et son éloquence seront indicibles : il saura par cœur toute l'Ecriture et connaîtra tous les arts ».

(32) « Les démons paraîtront sous la figure d'anges de lumière pour annoncer leur Messie, l'Antechrist », dit la Sœur de la Nativité, qui vivait au couvent des Urbanistes de Fougères vers la fin du siècle dernier. « Il sera aussi annoncé en même temps par les prétendus prophètes qui abonderont parmi ces impies magiciens. Cette annonce aura lieu quelques années avant la naissance de l'Antechrist. Je vois en Dieu que ce sera comme deux ou trois ans auparavant ».

Satan lui-même l'annoncera aux chefs des sociétés secrètes en ces termes : « ... Je vous donnerai un chef, qui sera puissant en œuvres et en paroles, et qui possèdera éminemment toutes les sciences. Ce sera moi-même qui serai son maître. Je l'instruirai et le prendrai sous ma conduite dès son enfance. Il n'aura pas dix ans, qu'il sera plus puissant, plus savant que vous tous et que par son grand esprit et par ses actions éclatantes il

« Les saisons seront changées ; la terre ne produira que de mauvais fruits. Les astres perdront leurs mouvements réguliers, la lune ne reflètera qu'une faible lumière rougeâtre. L'eau et le feu donneront au globle de la terre des mouvements convulsifs et d'horribles tremblements de terre qui feront engloutir des montagnes, des villes, etc.

« Rome perdra la foi et deviendra le siège de l'antechrist (33).

« Les démons de l'air avec l'antechrist feront de grands prodiges sur la terre et dans les airs, et les hommes se pervertiront de plus en plus (34).

montrera plus de valeur que vous n'en avez tous ensemble. Dès ce même âge de dix ans, je le promènerai par les airs, je lui ferai voir tous les royaumes et tous les empires de la terre ; je le ferai maître de tout le monde, et je lui donnerai tout cela en sa possession. *Il sera savant parfait dans l'art de la guerre*; j'en ferai un brave guerrier et un grand conquérant, qui partout remportera des victoires. Enfin, j'en ferai un dieu qui sera adoré comme le Messie attendu ».

(33) « Je vois en Dieu », dit la Sœur de la Nativité, « que lorsque les complices de l'Antechrist commenceront à faire la guerre, ils se placeront auprès de Rome, où ils triompheront, par leurs victoires, de tous les empires et de tous les royaumes qui seront autour de cette ville. Il y a en cela une chose dont je ne suis pas certaine. Ce que je sais, c'est que Rome périra entièrement, que le Pape souffrira le martyre et que son siège sera préparé pour l'Antechrist : mais je ne sais si cela sera fait un peu avant l'Antechrist, par ses complices, ou bien par l'Antechrist lui-même, au moment où il entrera dans le cours de ses victoires ».

(34) « Son art magique », fut-il révélé à sainte Hildegarde, « simulera les plus étonnants prodiges : il ébranlera l'atmos-

Dieu aura soin de ses fidèles serviteurs et des hommes de bonne volonté (*h*).

« L'Evangile sera prêché partout (*f*) ; tous les peuples et toutes les nations auront connaissance de la vérité.

« J'adresse un pressant appel à la terre : j'appelle les vrais disciples du Dieu vivant et régnant dans les cieux ; j'appelle les vrais imitateurs du Christ fait homme, le seul et vrai Sauveur des hommes ; j'appelle mes enfants, mes vrais dévots, ceux qui se sont donnés à moi pour que je les conduise à mon divin Fils, ceux que je porte pour ainsi dire dans mes bras, ceux qui ont vécu de mon esprit ; enfin j'appelle les apôtres des derniers temps (35), les fidèles disciples de Jésus-Christ qui ont vécu dans un mépris du monde et d'eux-mêmes, dans la pauvreté et dans

phère ; il commandera à la foudre et à la tempête, produira de la grêle et d'horribles éclairs ; il transportera des montagnes, desséchera des fleuves, ranimera la verdure flétrie des forêts. Ses tromperies s'exerceront sur tous les éléments, sur l'élément sec et sur l'élément humide. Mais sur l'homme principalement, il épuisera sa puissance infernale. Il semblera ôter la santé et la rendre ; il chassera des démons et même ressuscitera des morts. Comment cela ? En renvoyant quelque âme possédée dans un cadavre, pour l'agiter un peu de temps ; mais ces sortes de résurrections seront de courte durée, etc. »

(35) Ces apôtres des derniers temps ont été annoncés par saint François d'Assise, saint Vincent Ferrier, le vénérable de Montfort, etc., surtout par la Sœur Melchtide qui donne sur eux les plus amples détails. Voir la troisième partie de ce tome I.

l'humilité, dans le mépris et dans le silence, dans l'oraison et dans la mortification, dans la chasteté et dans l'union avec Dieu, dans la souffrance et inconnus du monde. Il est temps qu'ils sortent et viennent éclairer la terre. Allez, et montrez-vous comme mes enfants chéris ; je suis avec vous et en vous, pourvu que votre foi soit la lumière qui vous éclaire dans ces jours de malheurs. Que votre zèle vous rende comme des affamés pour la gloire et l'honneur de Jésus-Christ ! Combattez, enfants de lumière, vous, petit nombre qui y voyez ; car voici le temps des temps, la fin des fins.

« L'Eglise sera éclipsée ; le monde sera dans la consternation.

« Mais voilà Enoch et Elie remplis de l'Esprit de Dieu ; ils prêcheront avec la force de Dieu. Les hommes de bonne volonté croiront en Dieu, et beaucoup d'âmes seront consolées. Ils feront de grands progrès par la vertu du Saint-Esprit et condamneront les erreurs diaboliques de l'antechrist (36).

« Malheur aux habitants de la terre ! il y aura des guerres sanglantes et des famines (*b* et *d*) ; des pestes et des maladies contagieuses. Il y aura des

(36) Ils prêcheront et prophétiseront pendant 1260 jours (3 ans, 5 mois 1/2), puis seront enlevés au ciel, après avoir été martyrisés par l'Antechrist. (*Apocalypse*, ch. XI, 3-12.)

Voir sur eux une très-remarquable étude du P. Houbigant, oratorien, écrite en 1783 et publiée dans les *Analecta juris pontificii.*

pluies d'une grêle effroyable d'animaux, des ton-
nerres qui ébranleront des villes, des tremblements
de terre qui engloutiront des pays (c). On entendra
des voix dans les airs ; les hommes se battront
la tête contre les murailles, ils appelleront la
mort, et d'un autre côté la mort fera leur supplice ; le sang coulera de tous côtés (j et k). Qui
pourra vaincre, si Dieu ne diminue le temps de
l'épreuve (l) ? Par le sang, les larmes et les prières
des justes, Dieu se laissera fléchir.

Enoch et Elie seront mis à mort.

« Rome payenne disparaîtra (37).

« Le feu du ciel tombera et consumera trois
villes. Tout l'univers sera frappé de terreur, et
beaucoup se laisseront séduire parce qu'ils n'ont
pas adoré le vrai Christ vivant parmi eux. Il est
temps ; le soleil s'obscurcit (n) ; la foi seule vivra.

« Voici le temps : l'abîme s'ouvre. Voici le roi
des rois des ténèbres. Voici la bête avec ses
sujets, se disant le sauveur du monde (a et m). Il
s'élèvera avec orgueil dans les airs pour aller jusqu'au ciel ; il sera étouffé par le souffle de saint
Michel, archange. Il tombera ; et la terre qui
depuis trois jours sera en de continuelles évolu-
tions, ouvrira son sein plein de feu ; il sera
plongé pour jamais avec tous les siens dans les
gouffres éternels de l'enfer (38).

----

(37) Voyez la note 32, page 77.

(38) On sait que le règne de l'Antechrist doit durer 42 mois
(3 ans 1/2. (*Apocalypse*, XIII, 5.)

« Alors, l'eau et le feu purifieront la terre (*o*) et consumeront toutes les œuvres de l'orgueil des hommes, et tout sera renouvelé : Dieu sera servi et glorifié (39) *p* et *q* ».

IV.

Après avoir donné ce secret temporaire, la sainte Vierge achève la révélation à publier.

Ensuite, la sainte Vierge me donna, aussi en français, la règle d'un nouvel ordre religieux (40).

(39) Comme un larron vient (durant la nuit), ainsi le jou du Seigneur viendra (tout d'un coup), et alors, dans le bruit d'une effroyable tempête, les cieux passeront, les éléments embrasés se dissoudront, et la terre sera brûlée avec tout ce qu'elle contient. Puis donc que toutes ces choses doivent périr, quels devez-vous être, et quelles doivent être la sainteté de votre vie et la piété (de vos actions), attendant et comme hâtant par vos vœux l'avènement du jour du Seigneur, où l'ardeur du feu dissoudra les cieux et fera fondre tous les éléments ! Car nous attendons, selon sa promesse, de nouveaux cieux et une nouvelle terre, où la Justice habitera. » (IIe *Epître de saint Pierre*, chap. III, 10-13). — Voir aussi *Luc*, XII, 39 ; 1 *aux Thessalon.*, V, 2 ; *Apocalypse*, III, 3, XVI, 15, et XXI, 5 ; Isaïe, LI, LXV, 17, et XLVI, 22 ; psaume CI. Saint Jérôme commentant le ch. IV de saint Mathieu ; saint Augustin, XXIe chap. du XXe livre de la *Cité de Dieu* ; saint Thomas dans son commentaire sur l'*Epître aux Hébreux* ; saint Grégoire, XVIIe liv., chap. V de ses *Moralités*, etc., etc., sont à consulter sur la destruction du monde actuel et sa transformation.

(40) « Cet ordre religieux est celui des *Apôtres des derniers temps* », nous écrivait, le 9 mars 1880, la sœur Marie de la Croix (Mélanie de la Salette). Voir les amples renseignements sur ce point important, qui remplissent la troisième partie de ce t. I de l'*Histoire révélée de l'avenir*, etc., p. 102 et suiv.

Après m'avoir donné la règle de ce nouvel ordre religieux, la sainte Vierge reprit ainsi la suite du discours :

« S'ils se convertissent, les pierres et les rochers se changeront en blé, et les pommes de terre se trouveront ensemencées par les terres (41).

— « Faites-vous bien votre prière, mes enfants ? »

Nous répondîmes tous les deux :

— « Oh ! non, Madame, pas beaucoup ».

— « Ah ! mes enfants, il faut bien la faire, soir et matin. Quand vous ne pourrez pas mieux faire, dites un *Pater* et un *Ave Maria*. Quand vous aurez le temps et que vous pourrez mieux faire, vous en direz davantage.

« Il ne va que quelques femmes un peu âgées à la messe. Les hommes travaillent tout l'été le dimanche ; et l'hiver, quand ils ne savent que faire, ils ne vont à la messe que pour se moquer de la religion. Le carême, on va à la boucherie commes les chiens.

— « N'avez-vous pas vu du blé gâté, mes enfants ? »

Tous les deux nous avons répondu :

— « Oh ! non, Madame ».

La sainte Vierge s'adressant à Maximin :

— « Mais toi, mon enfant, tu dois bien en avoir vu une fois, vers le Coin, avec ton père. L'homme

(41) Voir la note 35, page 69.

6

de la pièce dit à ton père : « Venez voir comme
« mon blé se gâte ». Vous y allâtes. Ton père prit
deux ou trois épis dans sa main, il les frotta, et
ils tombèrent en poussière. Puis, en vous en re-
tournant, quand vous n'étiez plus qu'à une demi-
heure de Corps, ton père te donna un morceau
de pain en te disant : « Tiens mon enfant, mange
« cette année, car je ne sais pas qui mangera
« l'année prochaine, si le blé se gâte comme cela ».

Maximin répondit :

— « C'est bien vrai, Madame, je ne me le rap-
pelais pas ».

La très-sainte Vierge a terminé son discours
en français :

« Eh bien ! mes enfants, vous le ferez passer
à tout mon peuple (m) ».

La très-belle Dame traversa le ruisseau, et à
deux pas du ruisseau, sans se retourner vers
nous qui la suivions, (parce qu'elle attirait à elle
par son éclat et plus encore par sa bonté qui
m'enivrait, qui semblait me faire fondre le cœur),
elle nous a dit encore :

— « Eh bien ! mes enfants, vous le ferez passer à tout mon peuple (42) ».

(42) Quittant les deux bergers, elle traversa la Sézia. Au milieu
du lit du ruisseau était une pierre sur laquelle elle semble poser
un instant les pieds. Elle leur répète ensuite une deuxième fois,
après avoir franchi le ruisseau, et sans se retourner vers eux,
ces mêmes paroles : *Eh bien ! mes enfants, vous le ferez
passer à tout mon peuple*, et elle se dirige vers le haut du
plateau (élevé de quelques mètres seulement). Ses pieds ne font

V.

Fin de l'Apparition.

Puis, elle a continué de marcher jusqu'à l'endroit où j'étais montée pour regarder où étaient nos vaches. Ses pieds ne touchaient que le bout de l'herbe sans la faire plier.

Arrivée sur la petite hauteur, la belle Dame s'arrêta, et vite je me plaçai devant elle, pour bien, la regarder et tâcher de savoir quel chemin elle inclinait le plus à prendre.

Car, c'était fait de moi, j'avais oublié et mes vaches et les maîtres chez lesquels j'étais en service ; je m'étais attachée pour toujours et sans condition à Ma Dame. Je voulais ne plus jamais, jamais, la quitter ; je la suivais sans arrière-pensée et dans la disposition de la servir tant que je vivrais. Je n'avais plus que la pensée de bien la servir en tout. Je me croyais capable de faire tout ce qu'Elle m'aurait dit ; car il me semblait qu'Elle avait beaucoup de pouvoir. Elle me regardait avec une bonté qui m'attirait à elle, si tendrement que j'aurais voulu m'é-

aucun mouvement ; elle glisse au-dessus de l'herbe sans la faire plier, et elle ne projette aucune ombre.

Entraînés par un charme irrésistible, les enfants la suivent ; Mélanie la devance même un peu, tant elle tient à ne point la perdre de vue ; Maximin la suit à gauche, à deux ou trois pas en arrière. Après un parcours d'environ quarante pas, la sainte Vierge, arrivée sur le plateau, commence à s'enlever de terre, à la hauteur d'un mètre et demi environ, elle reste un instant suspendue dans l'espace et tourne ses regards alternativement vers le ciel et vers la terre, dans la direction du Sud-Est. En ce moment ses yeux rencontrent ceux de Mélanie, qui se trouve toujours en face d'elle.

lancer dans ses bras. Elle ne m'a pàs donné le temps de le faire.

Elle s'est élevée insensiblement de terre à une hauteur d'environ un mètre et plus. Restant ainsi suspendue en l'air un tout petit instant, la belle Dame regarda le ciel, et la terre à sa droite et à sa gauche ; puis Elle me regarda avec des yeux si doux, si aimables et si bons, que je croyais qu'Elle m'attirait dans son intérieur. Tandis que mon cœur se dilatait, la belle figure de la bonne Dame disparaissait peu à peu. Il me semblait que la lumière en mouvement se multipliait ou bien se condensait autour de la très-sainte Vierge pour m'empêcher de la voir plus longtemps. La lumière prenait la place des parties du corps qui disparaissaient à mes yeux ; ou bien le corps de ma Dame se changeait en lumière en se fondant. La lumière, en forme de globe, s'éleva doucement en direction droite.

Je ne puis pas dire si le volume de lumière diminuait à mesure qu'elle s'élevait, ou bien si c'était l'éloignement qui faisait que je voyais diminuer la lumière. Ce que je sais, c'est que je suis restée la tête levée et les yeux fixés sur la lumière, même après que cette lumière, qui allait toujours s'éloignant et diminuant de volume, eut fini par disparaître.

Mes yeux se détachent du firmament ; je regarde autour de moi. Je vois Maximin qui me regardait, je lui dis :

—« Mémin, cela doit être le bon Dieu de mon père, ou la sainte Vierge, ou quelque grande sainte ».

Maximin, lançant la main en l'air, dit :

— « Ah ! si je l'avais su ! »

VI.

Notre retour chez nos Maîtres.

Le soir du 19 septembre, nous nous retirâmes un peu plus tôt qu'à l'ordinaire.

Arrivée chez mes maîtres, je m'occupais à attacher mes vaches et à mettre tout en ordre dans l'étable. Je n'avais pas terminé, que ma maîtresse vint à moi en pleurant et me dit :

— « Pourquoi, mon enfant, ne venez-vous pas me dire ce qui vous est arrivé sur la montagne ? »

(Maximin n'ayant pas trouvé ses maîtres, qui ne s'étaient pas encore retirés de leurs travaux, était venu chez les miens, et avait raconté tout ce qu'il avait vu et entendu.)

Je lui répondis :

— « Je voulais bien vous le dire, mais après avoir fini mon ouvrage ».

Un moment après, je me rendis dans la maison, et ma maîtresse me dit :

— « Racontez ce que vous avez vu ; le berger de Bruite (c'était le surnom de Pierre Selme, maître de Maximin) m'a tout raconté ».

Je commence. Vers la moîtié du récit, mes maîtres arrivent de leurs champs. Ma maîtresse, qui pleurait en entendant les plaintes et les menaces de notre tendre Mère, dit :

— « Ah! vous vouliez aller ramasser le blé demain ; gardez-vous-en bien, venez entendre ce qui est arrivé aujourd'hui à cette enfant et au berger de Selme ». Et se tournant vers moi, elle dit : « Recommencez tout ce que vous m'avez dit ».

Je recommence ; et lorsque j'eus terminé, mon maître dit :

— « C'est la sainte Vierge, ou bien une grande sainte, qui est venue de la part du bon Dieu ; mais c'est comme si le bon Dieu était venu lui-même : il faut faire tout ce que cette Sainte a dit. Comment allez-vous faire pour dire cela à tout son peuple ? »

Je lui répondis :

— « Vous me direz comment je dois faire, et je le ferai ».

Il ajouta en regardant sa mère, sa femme et son frère :

— « Il faut y penser ».

Puis, chacun se retira à ses affaires.

Après le souper, Maximin et ses maîtres vinrent chez les miens pour raconter ce que Maximin leur avait dit, et pour savoir ce qu'il y avait à faire :

— « Car », dirent-ils, « il nous semble que c'est la sainte Vierge qui a été envoyée par le bon Dieu ; les paroles qu'elle a dites le font croire. Elle leur a dit de le faire passer à tout son peuple ; il faudra peut-être que ces enfants parcourent le monde entier pour faire connaître qu'il faut que tout le monde observe les commandements du bon Dieu, sinon de grands malheurs vont arriver sur nous ».

Après un moment de silence, mon maître dit, en s'adressant à Maximin et à moi :

— « Savez-vous ce que vous devez faire, mes enfants ? Demain, levez-vous de bon matin. Allez tous les deux à monsieur le Curé, et racontez-lui tout ce que vous avez vu et entendu. Dites-lui bien comment la chose s'est passée ; il vous dira ce que vous avez à faire ».

Le 20 septembre, lendemain de l'apparition, je partis de bonne heure avec Maximin.

Arrivé à la cure, je frappe à la porte. La domestique de monsieur le Curé vint ouvrir, et demanda ce que nous voulions. Je lui dis (en français, moi qui ne l'avais jamais parlé) :

— « Nous voudrions parler à monsieur le Curé ».

— « Eh ! que voulez-vous lui dire ? » nous demanda-t-elle.

— « Nous voulons lui dire, mademoiselle, qu'hier nous sommes allés garder nos vaches sur la montagne des Baisses, et après avoir dîné etc., etc., ». Nous lui racontâmes une bonne partie du discours de la très-sainte Vierge.

Alors, la cloche de l'église sonna ; c'était le dernier coup de la messe.

Monsieur l'abbé Perrin, curé de la Salette, qui nous avait entendus, ouvrit sa porte avec fracas. Il pleurait ; il se frappait la poitrine. Il nous dit :

— « Mes enfants, nous sommes perdus, le bon Dieu va nous punir. Ah ! mon Dieu, c'est la sainte Vierge qui vous est apparue ! »

Et il partit pour dire la sainte messe.

Nous nous regardâmes avec Maximin et la domestique ; puis Maximin me dit :

— « Moi, je m'en vais chez mon père à Corps ».

Nous nous séparâmes.

N'ayant pas reçu d'ordre de mes maîtres de me retirer aussitôt après avoir parlé à monsieur le

Curé, je crus ne pas faire mal en assistant à la messe. Je fus donc à l'église.

Là messe commence. Après le premier évangile, monsieur le curé se tourne vers le peuple, et essaie de raconter à ses paroissiens l'apparition qui venait d'avoir lieu la veille sur une de leurs montagnes. Il les exhorte à ne plus travailler le dimanche : sa voix était entrecoupée par des sanglots, et tout le peuple était ému.

Après la sainte messe, je me retirai chez mes maîtres. Monsieur Peytard, qui est encore aujourd'hui maire de la Salette, y vint m'interroger sur le fait de l'apparition. Après s'être assuré de la vérité de ce que je lui disais, il se retira convaincu.

Je continuai de rester au service de mes maîtres jusqu'à la fête de la Toussaint. Ensuite, je fus mise comme pensionnaire chez les religieuses de la Providence dans mon pays, à Corps.

VII.

Description de la personne et du costume de la très-sainte Vierge.

La très-sainte Vierge était très-grande et bien proportionnée. Elle paraissait être si légère qu'avec un souffle on l'aurait fait remuer. Cependant elle était immobile et bien posée.

Sa physionomie était majestueuse, imposante, mais non à la manière des seigneurs d'ici-bas. Elle inspirait une crainte respectueuse. En même temps que sa majesté imposait du respect, elle attirait à Elle. Son regard était doux et pénétrant ; ses yeux

semblaient parler avec les miens. La douceur de
son regard, son air de bonté incompréhensible faisaient comprendre et sentir qu'elle attirait à elle et
voulait se donner ; c'était une expresion d'amour
qui ne peut pas s'exprimer avec la langue de chair
ni avec les lettres de l'alphabet.

Les yeux de l'auguste Marie paraissaient mille et
mille fois plus beaux que les brillants, les dia-
mants, et les pierres précieuses les plus recher-
chées ; ils brillaient comme deux soleils ; ils étaient
doux et clairs comme un miroir.

La sainte Vierge pleura presque tout le temps
qu'elle me parla. Ses larmes coulaient une à une
lentement jusque vers ses genoux ; puis, comme
des étincelles de lumière, elles disparaissaient. Elles
étaient brillantes et pleines d'amour. J'aurais voulu
la consoler, et qu'Elle ne pleurât plus. Mais il me
semblait qu'Elle avait besoin de montrer ses larmes
pour mieux montrer son amour oublié par les hommes. J'aurais voulu me jeter dans ses bras et lui
dire : « Ma bonne Mère, ne pleurez pas ! je veux
vous aimer pour tous les hommes de la terre ».
Mais il me semblait qu'Elle me disait : « Il y en a
tant qui ne me connaissent pas ! »

Les larmes de notre tendre Mère, loin d'amoin-
drir son air de majesté, de Reine et de Maîtresse,
semblaient au contraire l'embellir, la rendre plus
aimable, plus belle, plus puissante, plus remplie
d'amour, plus maternelle, plus ravissante. Voir pleu-
rer une mère, une telle mère, sans perdre tous les
moyens imaginables pour la consoler, pour chan-
ger ses douleurs en joies, cela se comprend-il ?

La voix de la belle Dame était douce ; elle

enchantait, ravissait, faisait du bien au cœur.

Le vêtement de la très-sainte Vierge était blanc argenté et tout brillant. Il n'avait *rien de matériel* : il était composé de lumière et de gloire, variant et scintillant. Sur la terre il n'y a pas d'expression ni de comparaison à donner.

Dans ses atours, comme dans sa personne, tout respirait la majesté, la splendeur, la magnificence d'une Reine incomparable. Elle paraissait blanche, immaculée, cristallisée, éblouissante, céleste, fraîche comme une vierge. Il semblait que la parole, *Amour*, s'échappait de ses lèvres argentées et toute pures. Elle se montrait comme une mère, pleine de bonté, d'amabilité, d'amour, de compassion, de miséricorde.

La couronne de roses qu'elle avait sur la tête était si belle, si brillante, qu'on ne peut pas s'en faire une idée. Les roses de diverses couleurs, n'étaient pas de la terre. C'était une réunion de fleurs qui entouraient la tête de la très-sainte Vierge en forme de couronne. Mais les roses se changeaient, ou se remplaçaient. Puis, du cœur de chaque rose, il sortait une si belle lumière qu'elle ravissait, et rendait les roses d'une beauté éclatante. De la couronne de roses s'élevaient comme des branches d'or et une quantité d'autres petites fleurs mêlées avec des brillants.

Le tout formait un très-beau diadème, qui brillait plus que le soleil.

La sainte Vierge portait une très-jolie croix suspendue à son cou. Cette croix paraissait être dorée ; je dis *dorée* pour ne pas dire une plaque d'or ; car j'ai vu quelquefois des objets dorés avec diverses nuances d'or, ce qui faisait à mes yeux un bien plus bel effet qu'une simple plaque d'or. Sur cette belle croix, toute brillante de lumière, était le Christ, Notre-Seigneur, les bras étendus. Presque aux deux extrémités de la croix étaient suspendus, d'un côté un marteau, de l'autre des tenailles. Le Christ était couleur de chair naturelle ; mais il resplendissait d'un grand éclat, et la lumière qui sortait de tout son corps paraissait comme des dards très-brillants. Quelquefois le Christ paraissait être mort : il avait la tête penchée, et le corps était affaissé, comme pour tomber, s'il n'avait pas été retenu par les clous qui le retenaient à la croix.

J'en avais une vive compassion ; j'aurais voulu redire au monde entier son amour inconnu, et inspirer aux âmes des mortels l'amour le mieux senti et la reconnaissance la plus vive. Oh ! amour incompréhensible ! il s'est fait homme, et il a voulu mourir, oui, mourir pour mieux écrire dans nos âmes et dans notre mémoire l'amour qu'il a pour nous !

D'autres fois le Christ semblait vivant : il avait la tête droite, les yeux ouverts, et paraissait être sur la croix par sa propre volonté. Quelquefois aussi il paraissait parler, il semblait vouloir montrer qu'il était en croix pour nous, par amour pour nous, pour nous attirer à son amour, qu'il a toujours un amour nouveau pour nous, que son amour du commencement et de l'année 33 est toujours celui d'aujourd'hui et qu'il sera toujours le même.

Deux chaînes ornaient le cou de la très-sainte Vierge, l'une un peu plus large que l'autre. A la plus étroite était suspendue la croix dont j'ai fait mention plus haut. Ces chaînes (puisqu'il faut donner le nom de chaînes) étaient comme des rayons de gloire d'un grand éclat variant et scintillant.

Le tablier de la très-sainte Vierge était jaune : Que dis-je, jaune ? Elle avait un tablier plus brillant que plusieurs soleils ensemble. Ce n'était pas une étoffe matérielle, c'était un composé de gloire, et cette gloire était scintillante et d'une beauté ravissante.

Les souliers (puisque souliers il faut dire) étaient blancs, mais d'un blanc argenté, brillant. Il y avait des roses autour. Ces roses étaient d'une beauté éblouissante, et du cœur de chaque rose sortait une flamme de lumière très-belle et très-agréable à voir. Sur les souliers il y avait une boucle en or, non en or de la terre, mais bien de l'or du paradis.

La sainte Vierge était entourée de deux sortes de lumière. La première lumière, plus près de la très-sainte Vierge, brillait d'un éclat très-beau et scintillant. La seconde lumière s'étendait un peu plus autour de la belle Dame, et nous nous trouvions dans celle-là. Elle était immobile (c'est-à-dire qu'elle ne scintillait pas), mais elle était bien plus brillante que notre pâle soleil. Toutes ces lumières ne faisaient pas mal aux yeux, et ne fatiguaient point la vue.

Outre toutes ces lumières et toute cette splendeur, il sortait encore des groupes, faisceaux ou rayons de lumière, du corps de la sainte Vierge, de ses habits et de partout : Elle était splendide !.....

FIN.

A la suite de cette révélation, on lit la signature de la Voyante et l'autorisation épiscopale d'imprimer son récit :

Castellamare, le 1ᵉʳ novembre 1879.

MARIE DE LA CROIX, *Victime de Jésus,*
née MÉLANIE CALVAT, *Bergère de la Salette.*

———

Nihil obstat : IMPRIMATUR.

Datum Lycii ex Curia Episcopali, die 15 nov. 1879

Vicarius generalis

CARMELUS Archidiaconus COSMA.

Traduction en français :

RIEN NE S'OPPOSE A L'IMPRESSION. — *Cette permission est donnée par la chancellerie épiscopale, le 15 novembre 1879.*

Signé : le vicaire-général et archidiacre,
CARMEL COSMA.

LETTRE DE Mgr FAVA.

~~~~~~~~~

Mgr Fava, évêque du diocèse qui eut le privilège de l'Apparition de la très-sainte Vierge en 1846, vient d'adresser une lettre à plusieurs journaux de Lyon et de Grenoble, de laquelle nous croyons utile de reproduire un extrait :

<div align="right">Grenoble, 28 mars 1880.</div>

« ... J'ai quitté la France en 1851 et j'y suis rentré en 1875. C'est donc à cette dernière époque que je suis arrivé à Grenoble, où je n'étais jamais venu. Jusque-là, Monsieur, j'avais cru à l'apparition de la sainte Vierge à la Salette, parce que j'ai toujours eu l'habitude de respecter les décisions des évêques qui sont en communion avec le Souverain Pontife, lorsque le Saint-Siège respecte lui-même ces décisions. NN. SS. les évêques de Grenoble, *de Bruillard*, *Ginouilhac* et *Paulinier*, avaient ce double titre à ma créance ; c'est pourquoi je croyais, *non d'une foi divine, mais d'une foi humaine*, à l'apparition de la sainte Vierge aux pâtres de la Salette. J'ai étudié ensuite ce fait mystérieux, et ma foi, sans cesser d'être humaine, est plus ferme que jamais. Vous savez, par les fêtes du couronnement de notre Reine des Alpes, que beaucoup d'archevêques et évêques, sans parler des cardinaux, m'ont encouragé dans ma croyance. Je suis en bonne compagnie.

« Je n'ai pas à examiner les écrits de Mélanie. Mélanie habite l'Italie ; ma juridiction ne s'étend pas jusque-là. Je sais que la bergère a prédit de grands malheurs à la France, si nous continuons à blasphémer contre Dieu et son Christ, si nous travaillons le dimanche, si nous désertons les autels et la table de communion, si les jours défendus nous mangeons de la viande avec l'avidité des animaux, comme avant-hier (vendredi-saint) on l'a fait à Paris. J'ai vu un journal qui annonçait ces nombreux *banquets gras*, vrais défis portés au Christ et à son Eglise. Oui, Monsieur, je sais que la bergère annonce que nous allons être châtiés, etc. »

† ARMAND-JOSEPH,

évêque de Grenoble.

DURÉE DU MONDE

D'APRÈS LE NOMBRE DES PAPES FUTURS

indiqué par la prophétie de saint Malachie.

On sait que, d'après la prophétie de saint Malachie, neuf papes seulement se succèderont désormais jusqu'à la fin du monde. Ils sont désignés par un signe caractéristique ou par quelque évènement principal de leur pontificat.

PIE IX avait pour devise CRUX DE CRUCE, *Croix de la Croix*, sa souffrance ou croix provenant de la Croix de la maison de Savoie. Les rois de Piémont, autrefois ducs de Savoie, ont une croix dans leur blason : Victor Emmanuel a opprimé Pie IX en usurpant les Etats du Souverain Pontife.

Sa Sainteté le pape LÉON XIII est désignée par LUMEN DE CŒLO (ou IN CŒLO), *Lumière du ciel* (ou dans le ciel) :

1º Parce que les armes de sa famille portent une étoile ;

2º Parce que, dans le cours de son pontificat, le Pape sera *éclairé du ciel* par des révélations personnelles et autres qui lui donneront plus de lumière sur certains hommes et sur certaines affaires ;

3º Parce que la fin de son pontificat sera marquée par l'apparition d'un astre *extraordinaire*, en forme de comète, dont nous aurons beaucoup à dire, dans le tome II.

Les neuf derniers papes, ses successeurs, sont ainsi désignés :

IGNIS ARDENS. — *Feu ardent.*

RELIGIO DEPOPULATA. — *Religion ravagée.*

FIDES INTREPIDA. — *Foi intrépide.*

PASTOR ANGELICUS. — *Pasteur angélique.*

PASTOR ET NAUTA. — *Pasteur et nautonnier.*

FLOS FLORUM. — *Fleur des fleurs.*

DE MEDIETATE LUNÆ. — *De la moitié de la lune.*

DE LABORE SOLIS. — *Du labeur du soleil.*

DE GLORIA OLIVÆ. — *De la gloire de l'olive.*

PIERRE, romain, dont il est dit : « Dans la dernière persécution de l'Eglise romaine siègera Pierre, de Rome, qui fera paître les brebis au milieu de nombreuses tribulations. Celles-ci passées, la ville aux sept collines sera détruite, et le Juge redoutable jugera le monde ». — Voyez la concordance, à la page 80, note 35, et à la page 83, note 37.

TROISIÈME PARTIE

PERSÉCUTION

CONTRE LE CLERGÉ SÉCULIER ET RÉGULIER

ET

SA RESTAURATION.

PROLOGUE.

Dans ce tome Ier, qui n'offre qu'un coup d'œil général sur les évènements futurs, notre dessein ne peut être de traiter *complétement* de la persécution contre le clergé et de sa restauration. Tous les documents concernant la persécution trouveront place dans le tome deuxième, et l'histoire de sa restauration ne sera entièrement écrite que dans le tome cinquième.

Mais la publication de l'un et de l'autre volume devant tarder, et le feu de la persécution, depuis longtemps allumé en Europe, commençant à embraser la France, nous jugeons opportun de rapporter quelque chose de ce que Dieu en a prédit. Nous ferons suivre ces prophéties attristantes d'autres très-consolantes, qui confirment l'assurance donnée par Notre-Seigneur Jésus-Christ de la perpétuité de l'existence de l'Eglise, son triomphe définitif, et ses conquêtes pacifiques des âmes dans le monde entier.

Cette partie comprend donc deux sections bien distinctes : la première traite de la *Persécution*, la seconde de la *Restauration ecclésiastique*.

LA PERSÉCUTION

CONTRE LE CLERGÉ SÉCULIER ET RÉGULIER.

PSAUME XIII.

Marie de Jésus, abbesse du monastère d'Agreda, a dit : « David comprend, dans ses psaumes, non-seulement les mystères de la loi naturelle et de la loi écrite, mais aussi de la loi de grâce ». *Cité mystique*, 1ʳᵉ part., liv. I, chap. XI, n° 158.

Holzhauser nous apprend, dans sa prophétie, que le psaume XIII se rapporte aux impies persécuteurs. La peinture des dispositions perverses de ces sectaires est vraiment trop fidèle pour que nous ne la préposions pas aux prophéties où leurs méchantes intentions seront traduites en actes.

Le Roi-Prophète s'exprime ainsi :

1. « L'insensé a dit dans son cœur : Il n'y a « point de Dieu.

2. « Ils se sont corrompus et sont devenus abo-« minables dans leurs affections ; il n'y en a « point qui fassent le bien, il n'y en a pas un « seul.

3. « Le Seigneur a regardé du haut du ciel sur « les enfants des hommes, afin de voir s'il trou-

« vera quelqu'un qui ait de,l'intelligence ou qui
« cherche Dieu.

4. « Tous se sont détournés *de la vérité et de la*
« *justice* (43), et sont devenus inutiles. Il n'y en
« a point qui fassent le bien, il n'y en a pas un
« seul.

5. « Leur gosier est comme un sépulcre ouvert
« *d'où s'échappe l'odeur infecte de leurs mensonges;*
« ils se sont servis de leur langue pour tromper
« avec adresse ; ils ont sur leurs lèvres le venin
« de l'aspic.

6. « Leur bouche est remplie de malédictions
« et d'amertume : leurs pieds courent avec vi-
« tesse pour répandre le sang.

7. «Toutes leurs voies ne tendent qu'à affliger
« et à opprimer, et ils n'ont point connu la voie
« de la paix. La crainte de Dieu n'est point de-
« vant leurs yeux.

8. « Tous ces hommes qui commettent l'ini-
« quité ne connaîtront-ils pas l'*injustice de leur*
« *œuvre,* eux qui dévorent mon peuple comme
« un morceau de pain ? »

---

(43) Le texte en italiques est ajouté pour servir d'explication.

> « Il se fit une grande persécution
> ce jour-là. »
>
> (*Actes des Ap.*, VIII, 1.)

La révolte de Luther poussait à l'erreur et prédisposait à l'incrédulité par le libre examen, loin du contrôle sage de l'autorité. Aussi, le protestantisme est-il aujourd'hui l'allié le plus fidèle de la juiverie déicide, qui enrôle, dans ses sociétés secrètes de noms divers, même des catholiques. Il est vrai que ces catholiques ne le sont que par leur baptême ; en réalité, leurs bataillons d'apostats ne se recrutent que parmi les criminels, les passionnés, les ambitieux, les égoïstes affamés de jouissances terrestres.

Voilà les hommes que les puissances des ténèbres mettent en mouvement. Nous allons les voir à l'œuvre contre le clergé. « Car », disait Notre-Seigneur à sainte Brigitte, dans ses *Révélations*, « je commencerai mon jugement par mon autel et mon clergé ». (L. I, ch. XLVIII.)

« Il s'élèvera », dit le vénérable Holzhauser, « en parlant de la secte, « un *Lucifer nouveau*, c'est-à-dire un esprit d'orgueil qui règnera quelque temps sur une partie du monde et qui renversera le fondement de tout ordre ; car il surgira des hommes, renommés par leurs forfaits, qui corrompront les peuples par leur matérialisme et qui, au nom d'une fausse liberté, exciteront tout le monde *pour détruire les royaumes et pour tuer les rois ; ils s'efforceront d'anéantir la religion comme au temps de Néron, et ils tueront les prêtres* qu'ils n'auront pas envoyés en exil.

7*

*
* *

La Sœur de la Nativité dit, en parlant de la secte des impies conjurés : « Dieu m'a fait voir la malice de Lucifer et l'intention diabolique et perverse de ses suppôts contre l'Eglise de Jésus-Christ. A l'ordre de leur chef, ces méchants ont parcouru la terre comme des forcenés pour préparer les voies à l'An-techrist, dont le règne approche. Par le souffle cor-rompu de cet esprit superbe, ils ont empoisonné les hommes comme autant de pestiférés ; ils se sont communiqué leur mal les uns aux autres, et la con-tagion est devenue générale.

« Quel bouleversement ! quel scandale !

« J'ai vu Satan lui-même qui distribuait à ses sa-tellites, qu'il rendait complices de ses criminelles dispositions, une matière infecte dont il les touchait au front pour leur imprimer un caractère de dé-vouement à son œuvre. Les satellites ainsi touchés me paraissaient sur-le-champ couverts d'une lèpre dont ils allaient infecter les personnes qui se lais-saient toucher par eux. Ces émissaires du démon, ces précurseurs de l'Antechrist ont, par leur sys-tème licencieux et séduisant, depuis longtemps jeté le fondement de l'irréligion qui communique partout la contagion, et qui n'est autre chose que cette impiété, — libertinage qui gagne de toutes parts et qui cause tout le mal sous le nom spécieux de philosophie, nom que cette irréligion ne mérita jamais. Oui, ces monstres croiront être religieux en profanant les temples et en détruisant la reli-gion. De même, ils se glorifieront du nom de patriotes en renversant toutes les lois civiles qui font la sûreté de la patrie, tous les principes du patriotisme et de l'humanité.

« *Le massacre même des citoyens et des ministres de la religion sera, pour ces aveugles volontaires, un acte religieux* ; et le renversement de toutes les lois le plus sacré des devoirs. Les insensés ! les aveugles ! ils se livrent à la joie qui sera suivie de bien des larmes ! Ils bénissent une révolution qui n'est qu'une punition terrible ; ils vantent la liberté quand ils touchent à l'esclavage ; et ils se diront heureux au milieu des malheurs qui vont déborder sur eux ».

* *
*

« Il éclatera en Italie », dit Rosa Colomba, « une grande persécution contre l'Eglise qui sera l'œuvre de ses propres enfants. Elle sera dirigée par un précurseur de l'Antechrist, qui se nommera sauveur. Avec lui marcheront beaucoup de sectaires qui persécuteront l'Eglise et propageront leur mauvaise doctrine par la violence. Beaucoup de braves gens quitteront la bonne voie. *Les prêtres, les religieux et les défenseurs de l'Eglise seront impitoyablement massacrés.* Les biens de l'Eglise et des fidèles *seront confisqués* ».

La même voyante dominicaine, qui mourut le 6 juin 1847, au monastère de Sainte-Catherine de Taggia, près Nice, et dont les prophéties sont conservées à Vintimille, frontière franco-italienne, a encore ajouté : « L'exil des jésuites sera le commencement des persécutions. Les ordres religieux seront réduits dans leur nombre... »

*
* *

Elisabeth Eppinger naquit en 1814, à Nieder-
bronn, dans le département du Bas-Rhin. Elle fonda
une Congrégation religieuse. Ses révélations ont
été recueillies par son Directeur. Une minute en est
déposée à l'évêché de Strasbourg.

« Je fus saisie de terreur à la vue des jours terribles auxquels nous touchons », dit-elle. « Je vois
que dès maintenant (1849) les ennemis de l'Eglise,
particulièrement ceux qui sont à la tête du gouver-
nement, forment contre elle d'affreux desseins. Je
vis les horreurs qui se commettront dans ces mauvais jours, et je tremblais. *Je vis en outre la persécution contre les prêtres*, le mépris de tout ce qui est
saint. Je vis faire des ordonnances et des lois contre Dieu et contre la religion ; mais ces lois ne seront point exécutées.

... « Parmi les ecclésiastiques, des personnages
éminents seront immolés, à moins que, par une
protection spéciale de la sainte Vierge, ils n'échap-
pent à la mort. *Rome verra couler le sang des prêtres,
plusieurs jésuites seront massacrés. Les couvents seront
pillés et les églises dévastées.* Il se commettra dans
cette ville des sacrilèges de toutes sortes ».

*
* *

Saint Césaire, évêque d'Arles, trace un tableau
saisissant de la persécution *qui s'étendra dans l'univers* :

« Pendant un court espace de temps,.tout l'ordre

du clergé restera dans l'humiliation. L'Eglise, soumise, *dans tout l'univers,* à de cruelles et lamentables persécutions, sera dépouillée de ses biens ; assez heureux le ministre des autels qui aura pu sauver sa vie, quels que soient sa dignité et son rang. Les temples du Seigneur seront profanés, et la religion, réduite au silence devant la haine et la fureur de ses ennemis triomphants, ne fera plus entendre sa voix. Pasteurs de l'Eglise, augustes prélats, vous serez expulsés de vos sièges, bannis de vos demeures, poursuivis d'un fer homicide ; et vos troupeaux seront dispersés, errant sans direction et sans guide. Honneur à la violence et à la vengeance ; place pour elles seules *dans l'univers !* Supplices inventés jadis par les persécuteurs et les tyrans, voici vos jours qui se lèvent de nouveau. Mais qu'étiez-vous et qu'était la fureur des Vandales, en comparaison des tribulations et des douleurs qui se préparent ? Autels brisés, temples dévalisés, monastères renversés, troupeaux dispersés, vous disparaissez devant les fléaux que la main de Dieu a réservés à un monde corrompu ».

*
* *

... Nous réservons des documents spéciaux et inédits d'un grand intérêt pour le tome deuxième. Cependant, en voici un qui est presque inconnu du public. Il nous paraît digne d'attention et de nature à clore la première section de la troisième partie.

PROPHÉTIE DE SAINT FRANÇOIS D'ASSISE.

La prophétie suivante a été par nous extraite des *Œuvres de saint François d'Assise*, fondateur de l'Ordre des Frères Mineurs, etc., traduites par M. Berthaumier, curé de Levet (Cher), du Tiers-Ordre de Saint-François, pages 284 et 136, année 1863.

Peu avant sa mort, saint François d'Assise, ayant rassemblé ses frères, les avertit des tribulations à venir, en leur disant :

I. — « Agissez avec courage, mes frères, soyez des hommes de cœur, et mettez votre espérance dans le Seigneur. Les jours de grande affliction et de grande tribulation s'avancent à grands pas. Pendant ces jours, les perplexités et les dangers du corps et de l'âme se répandront comme un torrent ; la charité de beaucoup se refroidira, et l'iniquité des méchants sera surabondante.

II. — « Les démons auront plus de puissance que de coutume ; la pureté de notre Ordre et des autres Ordres perdra de son éclat et sera défigurée. On arrivera à cet excès que peu d'entre les chrétiens obéiront au Souverain Pontife et à l'Eglise romaine avec un cœur vrai et une charité parfaite.

III. — « Au commencement de cette tribulation, un homme non élu canoniquement s'élèvera au souverain Pontificat, et mettra toute son habileté à entraîner les masses dans son erreur mortelle. Alors, les scandales se multiplieront ; notre Ordre sera divisé ; plusieurs d'entre les autres Ordres crouleront de tout en tout pour ne s'être pas opposés, mais s'être soumis à l'erreur.

IV. — « Il y aura tant de disputes et de divisions dans le peuple, les religieux et le clergé, que si ces jours, selon la parole de l'Evangile, n'eussent été abrégés, les élus eux-mêmes, s'il était possible, et s'ils n'étaient conduits par l'immense miséricorde de Dieu, seraient entraînés dans l'erreur.

V. — « Notre règle et notre genre de vie seront alors attaqués avec violence par certains hommes.

VI. — « De terribles tentations se feront sentir, et ceux qui alors auront été fidèles dans l'épreuve recevront la couronne de la vie.

VII. — « Mais malheur à ceux qui, mettant seulement leur espérance en leur Ordre, se laisseront aller à la tiédeur, et ne résisteront pas avec courage aux tentations permises pour éprouver les élus !

VIII. — « Ceux qui seront pleins de ferveur et s'attacheront à la piété par amour et zèle de la vérité, auront à souffrir des persécutions et des injures comme des hommes désobéissants et schismatiques. Leurs persécuteurs, poussés par les esprits infernaux, diront que c'est faire une œuvre vraiment agréable à Dieu, que de mettre à mort et de faire disparaître de la terre des hommes si pervers ; mais le Seigneur sera alors le refuge des affligés, et il les sauvera, parce qu'ils auront placé leur confiance en lui. Afin de se conformer à leur chef, ils agiront avec confiance, et achetant par leur mort la vie éternelle, ils aimeront mieux obéir à Dieu qu'aux hommes, ils refuseront d'adhérer au mensonge et à la perfidie ; ils n'auront aucune crainte de la mort.

IX. — « La vérité sera ensevelie dans le silence par certains prédicateurs ; d'autres, après l'avoir foulée aux pieds, la nieront.

X. — « La sainteté de la vie sera un objet de moquerie pour ceux qui en avaient fait profession ; voilà pourquoi Jésus-Christ enverra non pas un pasteur digne de ce nom, mais un exterminateur ».

XXᵉ CONFÉRENCE *de saint François d'Assise à ses religieux.*

« Mes frères, le temps viendra où, à cause des exemples pervers des mauvais frères, cette religion aimée de Dieu sera diffamée à tel point, que nous rougirons de paraître en public.

« Ceux qui alors viendront pour recevoir l'habit de l'Ordre seront conduits uniquement par le souffle de l'Esprit-Saint ; ils demeureront étrangers à toute tache de la chair et du sang, ils seront vraiment bénis du Seigneur.

« Bien qu'en eux les œuvres soient pleines de

mérite, cependant parce que la charité, qui fait
agir les Saints avec ferveur, sera refroidie, ces
religieux seront soumis à des tentations immenses, et ceux qui en ce temps seront de-
meurés fidèles dans l'épreuve seront meilleurs
que leurs devanciers.

« Malheur à ceux qui mettent leurs complaisances uniquement dans l'extérieur et les
dehors de la vie religieuse, et, se confiant en
leur sagesse et en leur science, auront été trou-
vés oisifs, ou autrement ne se seront pas exercés
aux œuvres de vertu, n'auront pas suivi les sentiers de la croix et de la pénitence ni observé
l'Evangile dans toute sa pureté, comme ils sont
tenus de le faire, simplement et sans détour, par
leur profession.

« Ils ne résisteront pas avec courage aux tentations que Dieu permettra pour éprouver ses
élus. Quant à ceux qui auront été soumis à
l'épreuve et en seront sortis victorieux, ils recevront la couronne de vie, à laquelle les prépare
en ce monde la malice des méchants et des ré-
prouvés ».

LA RESTAURATION

DU CLERGÉ SÉCULIER ET RÉGULIER.

PROLOGUE.

Le lecteur se rappelle que, à la page 84, immédiatement après le Secret prophétique, la respectable Sœur Marie de la Croix a ajouté :

« Ensuite, la Sainte Vierge me donna, aussi en français, la règle d'un nouvel Ordre religieux ».

S'agit-il d'un Ordre préparatoire, et, en quelque sorte, précurseur de l'Ordre des Apôtres des derniers temps, ou de cet Ordre lui-même que tant et de si belles prédictions annoncent depuis des siècles ? — Telle est la question que nous avons cru devoir adresser à la pieuse Mélanie de la Salette, en religion Sœur Marie de la Croix.

Avec sa charité accoutumée, celle-ci a bien voulu nous répondre le 9 mars 1880, en ces termes : « La Règle que m'a donnée la Très-Sainte Vierge est pour les Apôtres des derniers temps. Elle m'a dit : *Mes missionnaires seront les Apôtres des derniers temps. Ils prêcheront l'évangile de Jésus-Christ, dans toute sa pureté, par toute la terre* ».

Ici la religieuse nous indique à quelle autorité elle en a remis une copie, etc., etc.

Nous ne l'avons point interrogée sur le moment de la mise à exécution de cette règle. Mais notre avis personnel est que des années s'écouleront

avant que cet Ordre reçoive un commencement de
réalisation. La lecture d'un passage de la révélation
de sainte Mechtilde fera sans doute partager à
d'autres notre sentiment.

Puisque nous venons de nommer la Sœur Mechtilde, il est à propos de donner une notice sur cette
extatique, avant de lire sa très-remarquable révélation. Sœur Mechtilde, de Magdebourg, contempo-
raine et compagne de sainte Gertrude et de sainte
Mechtilde, au treizième siècle, a reçu des communications célestes réunies et publiées sous le titre :
*Lumière de la Divinité s'épanchant dans les cœurs amis
de la vérité*. Elles furent connues de ces deux Saintes,
et le Christ leur en fit l'éloge, car elle vécut douze
ans dans leur compagnie. Sainte Gertrude dans ses
écrits (*Legatus* v, 7 ; *Liber specialis gratiæ*, II, 42 ; V,
6, 7), dit combien les écrits de la Sœur Mechtilde
sont agréables à Dieu. Ses révélations eurent lieu
de 1250 à 1281. La prophétie ici rapportée se trouve
au livre III, ch. XII, p. 528, de l'édition latine : *Reve-
lationes Gertrudianæ ac Mechtildianæ*. Oudin, Poitiers,
1877. Une traduction en français a été tentée, mais
elle est très-mal faite, pleine de contresens, de
non-sens et d'à peu près. On ne peut la recom-
mander. La traduction que nous en donnons est
donc la première et la seule exacte en notre langue
française.

Cette révélation est appuyée de la partie prophétique du *Traité de la vie spirituelle*, dû à saint Vincent Ferrier et que saint Vincent de Paul méditait
sans cesse.

Enfin, en attendant le tome cinquième, réservé
entièrement à cette importante question des *Apôtres*

des derniers temps, nous publions l'admirable *Prière prophétique,* imprimée à la suite du *Traité de la dévotion à la Sainte Vierge,* dus l'un et l'autre au vénérable L. M. Grignion de Montfort,

* *

Saint Vincent Ferrier naquit à Valence, en 1357, de parents très-religieux. A douze ans il s'était mis à l'étude de la philosophie scolastique et s'était pénétré de tous les écrits d'Aristote ; à dix-huit ans, son jugement fit autorité sur les questions théologiques. Entré dans l'Ordre des Frères Prêcheurs, il fut reçu docteur en théologie à vingt-huit ans.

Il accompagna à la cour de Charles VI, roi de France, le cardinal Pierre de Lune, légat de Clément VII, résidant à Avignon ; mais il s'en sépara lorsque ce cardinal devint pape sous le nom de Benoît XIII, refusa tous les honneurs et se contenta du titre de missionnaire apostolique. En cette qualité, il prêcha en France, en Espagne, en Italie. Il se fixa dans la Bretagne et mourut à Vannes le 5 avril 1419.

* *

Le vénérable serviteur de Dieu Louis-Marie Grignion de Montfort est né, en 1673, à Montfort-sur-Meu, Ille-et-Vilaine, et mort, en 1716, à Saint-Laurent-sur-Sèvre, du diocèse de Luçon aujourd'hui. C'est à Saint-Laurent-sur-Sèvre, près de son tombeau, qu'est venue se grouper sa double famille religieuse : les missionnaires et les Frères de la Compagnie de Marie, en 1722, et les Sœurs de la congrégation de la Sagesse dès l'année 1720. Nous publions de lui une prière prophétique, très-belle, qui concerne évidemment les Apôtres des derniers temps.

Nous n'avons pu suivre quelques-uns de nos devanciers dans la reproduction de lettres sur le même sujet attribuées à saint François de Paule, pour les graves raisons que le lecteur trouvera en note (44).

(44) M. l'abbé Rolland, chanoine hon. de Tours, a publié en 1876, la seconde édition de son *Histoire de saint François de Paule*. A la page 138 nous lisons : « On a publié plusieurs lettres adressées à Simon de Limena et attribuées à notre Saint; mais les propagateurs des prophéties n'ont oublié qu'une chose, c'est de prouver leur authenticité. En 1665, François de Longobard publia soixante lettres sous le nom du Saint ; mais dès leur apparition elles furent l'objet de la suspicion générale. On lui faisait écrire à Simon de Limena des choses indignes de sa grande vertu, et le P. de la Noue déclara dans la suite qu'il avait de graves et nombreuses raisons pour en suspecter l'authenticité. La Congrégation de l'Index se préoccupa de cette question ; le volume des lettres fut sérieusement examiné, et, par un décret du 10 juin 1659, elle interdit ce volume, comme renfermant beaucoup de choses apocryphes, fausses et inventées ». M. l'abbé Rolland ajoute en note : « L'auteur de l'*Avenir dévoilé* (Tours, 1870), animé assurément de bonne intention, a publié de nombreux fragments de ces lettres ». (L'auteur des *Voix prophétiques* pareillement.) « Il cite même en leur faveur le témoignage de *Cornelius à Lapide*, qui, à la fin de son commentaire sur le XVII° chapitre de l'Apocalypse, mentionne et semble accepter les prophéties contenues dans ces épîtres. Le savant Jésuite avoue les avoir lues dans le P. Lucas Montoya, l'un des propagateurs inconscients de ces écrits apocryphes. Il faut ensuite se rappeler, à la décharge du docte religieux, qu'il mourut en 1634 ; il n'a donc pu connaître le décret de l'Index rendu en 1659 ».

En confirmation des renseignements fournis par M. l'abbé Rolland, ajoutons que nous avons vainement cherché trace de ces lettres dans la *Bibliothèque nationale* et la *Bibliothèque*

Mazarine, à Paris. Nous avons lu et possédons le texte donné par Cornelius à Lapide, lequel se borne à une douzaine de lignes. Les nombreuses brochures intitulées : *Vie de S. François de Paule*, entre autres une édition de 1632, très-complète, ne font aucune mention des prétendues *Lettres prophétiques* de ce Saint. Néanmoins, on verra, à la page 138, que le vénérable de Montfort mentionne le nom, sinon les lettres, de S. François de Paule.

LES APÔTRES DES DERNIERS TEMPS,

D'APRÈS

UNE RÉVÉLATION FAITE A LA SŒUR MECHTILDE,

TRADUITE FIDÈLEMENT POUR LA PREMIÈRE FOIS.

I.

Constitutions de l'Ordre des Apôtres futurs.

Une grave persécution s'était élevée (en 1256), contre l'Ordre des Prêcheurs (les Dominicains) par l'action de faux docteurs et autres pécheurs adonnés à la convoitise. J'ai prié le Seigneur de conserver sa faveur à l'Ordre. Le Seigneur me dit :

— Tant qu'il me plaît de les conserver, il est impossible à la malice, si grande soit-elle, d'un homme quelconque de les abolir.

— Est-ce que, mon Seigneur, cet Ordre subsistera jusqu'à la consommation des siècles ? dis-je au Seigneur.

Il me répondit :

— Il durera jusqu'aux derniers temps (45).

(45) « Numquid, mi Domine, usque ad consummationem sæculi manebit Ordo iste? » — Et respondit mihi Dominus :

Alors, surgiront des hommes d'une nouvelle Religion (46) qui surpasseront en sagesse, en puissance, en pauvreté et en ferveur de cœur ces Prêcheurs, en vue de la dernière tribulation qui troublera l'Eglise.

J'ai vu leur vie, leurs vêtements et leur grand nombre. Ils n'auront.que deux vêtements, celui de dessous blanc, celui de dessus rouge, représentant la pureté de l'humanité du Christ et symbolisant sa Passion. Ils seront ceints, en signe de la désolation de l'Eglise, d'une ceinture d'olives, c'est-à-dire du fruit ou de l'écorce de l'olivier (47). Ils marcheront pieds nus, excepté dans les pays où la terre est durcie par la gelée.

« Usque ad extrema tempora manebit. *Tunc,* exurgent homines novæ religionis qui istos prædicatores sapientia, potentia et fervore spiritus superabunt, propter ultimam tribulationem, quæ tunc Ecclesiæ perturbabit ». (En marge on lit : 30 annis in pace prædicabunt verbum Dei ; postea veniet Antichristus.)

Nous sommes à la période où commencent les *Derniers temps,* prédits *par N.-S.,* dans l'Evangile, et souvent révélés depuis quelques siècles.

M. Laverdant, jadis rédacteur du *Mémorial catholique,* juin 1866, p. 228-234, et la brochure intitulée : *Prophétie de Madeleine,* l'*Avènement de Marie,* in-8, 1872, chez Davesue, 59, rue Bonaparte, à Paris, rapportent de la voyante Madeleine Forsat, une révélation confirmant cette vérité, déjà annoncée par la prophétie de la Salette.

(46) *Religion* signifie ici : Communauté religieuse, Ordre religieux d'hommes, Congrég. de missionnaires, Collège d'Apôtres.

(47) Cingulo de oleo olivæ confecto, hoc est de subere vel cortice olivæ : probablement d'olives enfilées comme un chapelet ou un collier. (?)

Là, ils porteront des chaussures rousses, attachées avec des courroies ou cordons blancs, sans bas.

Ils se laveront la tête avec de l'eau dans les bois en été, mais non en hiver ; car ils n'auront point de résidence. En tout lieu, ils seront étrangers et recevront l'hospitalité, n'ayant point aucun domicile à eux.

Ils ne possèderont ni argent ni or en réserve, supportant les nombreuses incommodités de la pauvreté.

Chacun d'eux porte un bâton blanc, coloré en rouge, ayant à la partie supérieure une croix d'ivoire en forme de Thau (T) de la longueur d'une palme. L'ivoire est pour eux l'indice de la chasteté et de toute pureté ; le bâton peint en rouge rappellé la Passion. D'un côté de l'ivoire est sculptée l'image du Christ souffrant, de l'autre l'Ascension.

Ils l'auront en leur présence en tout lieu, soit qu'ils mangent, boivent, dorment, prient, soit que, pendant le jour, ils prêchent, célèbrent la messe, ou entendent les confessions. Lorsqu'ils l'ôteront de leur main, ils le planteront en terre, tourné de manière que leurs regards se portent sur la Passion du Christ. Lorsque pour cause d'utilité ou de nécessité, le chemin à parcourir sera étendu (48), ils auront un âne (un seul), sur

***

(48) Dans l'allemand on lit : 30 milles.

lequel ils monteront de temps en temps ; même
dans ce cas, ils ne placeront pas le bâton à leur
côté, mais le porteront droit devant soi avec le
même respect qu'ils tiendraient la Croix du Seigneur. En chevauchant sur l'âne, ils imiteront
l'humilité du Christ. Ils en feront usage aussi
quand leurs pieds seront blessés assez gravement
pour qu'ils ne puissent soutenir la marche. Ils
porteront des souliers seulement depuis la Toussaint jusqu'à la fête de la Chaire de Saint-Pierre.

Pour se procurer des livres, ou pour d'autres nécessités, ils ne demanderont rien de qui
que ce soit : ils pourront demander du pain seulement, lorsqu'on ne leur en offrira point. Ils man-
geront avec les gens du commun et du peuple
de n'importe quel mets qui sera offert, excepté de
la viande. Ils ne jeûneront pas, si ce n'est lors
des jeûnes établis par l'Eglise.

Ils pourvoiront à leur logement, en recevant
l'hospitalité, de telle sorte qu'ils puissent y dor-
mir et prier séparés des autres.

Témoins d'une si grande sainteté, les fidèles
édifiés leur donneront le nécessaire abondam-
ment et avec plaisir. Ils ne recevront pas l'hospitalité chez des veuves. Les fidèles laveront
avec dévotion les pieds fatigués de ces apôtres,
rendant grâces à Dieu de ce qu'ils répandent la
ferveur dans l'Eglise. Ils oindront leurs pieds,
comme hommes et non des dieux, parce qu'il a
été permis à Marie-Madeleine de répandre des

parfums sur le Fils de Dieu, vrai Dieu. Lorsqu'ils verront leurs vêtements usés, les hommes leur en fourniront de neufs. Beaucoup de choses leur seront offertes ; ils refuseront, invitant les donateurs à les employer pieusement en bonnes œuvres.

Deux fois l'année, ils tiendront chapitre, en été dans la forêt, en hiver dans la ville, à la maison consulaire des citoyens (mairie ou préfecture probablement).

Si quelqu'un veut embrasser cet état, il devra avoir deux sortes de livres. Il se servira du plus grand pour prêcher. Le livre commence ainsi : *Je crois en Dieu*, et d'autres chapitres suivent, savamment rédigés selon la doctrine catholique. Dans le plus petit, ils chanteront les heures canoniales.

Le premier fondateur de cet Ordre sera fils du roi des Romains. Son nom signifie devant Dieu : *Alleluia*.

Le Pape lui donnera la première investiture ; ensuite, il choisira à son gré. Il recevra du Pape cet institut où de grands maîtres viendront prendre l'habit avec lui pour l'imiter. L'âge de l'admission ne sera point au-dessous de vingt-quatre ans. Ils n'admettront que des hommes de bonne santé et fort instruits. Car il faut que tous les prêtres, les confesseurs et les chefs soient des savants.

Le premier chef, qui marchera escorté de trois Frères, sera dit Principal, parce que principalement en lui la foi sera attaquée. Sur treize il y aura parmi eux un président qui sera appelé Gardien : il sera toujours accompagné de deux autres religieux. Leur autorité est si grande qu'aucun des évêques n'en aura de comparable. Aucun ne pourra leur interdire de prêcher, d'entendre les confessions, de célébrer la messe. Dans chaque évêché, il y aura sept d'entre eux, comme les sept dons de l'Esprit-Saint. Dans un archevêché treize, comme le collège apostolique du Christ. A Rome, il y en aura treize, en mémoire du commerce (heureux pour nous) qui vendit le Christ (30 pièces d'argent). A Jérusalem il y en aura beaucoup, parce que c'est là que le Christ fut mis à mort.

Un petit chapitre se tiendra trois semaines après (la fête du) mystère de la Trinité, en ville ; il se composera de cinq Frères en l'honneur des cinq plaies du Christ, ou de sept en mémoire des sept dons de l'Esprit-Saint, ou davantage selon qu'il sera possible de les réunir.

Pendant le repas, le premier de l'Ordre doit parler de la vie et des exemples du Christ ; pendant ce temps les autres garderont le silence.

Ils dormiront par terre, ayant une couverture de laine blanche sur un matelas et une autre de même couleur sur eux. Le traversin placé sous la tête sera recouvert d'une taie.

Ils n'appuieront mollement leur dos ni en s'asseyant ni en s'étendant, parce qu'ils seront bien portants jusqu'au jour de leur martyre, comme l'a été le Christ. Mais ceux qui ont été utiles, ceux qui, pour cause de caducité provenant de la vieillesse, ne peuvent, débilités ou malades, attendre la fin de l'Ordre, on devra bienveillamment les faire reposer sur une couche moelleuse et les réconforter par une nourriture délicate, selon leur utilité et le besoin de leur santé.

II.

Persécution de l'Antéchrist.

Ce saint Institut subsistera dans une douce paix pendant trente ans, durant lesquels l'Eglise sera ainsi par eux enseignée et éclairée, parce qu'il ne faut pas que par cause d'ignorance on s'éloigne de la foi.

Hélas ! hélas ! après cela surgira la tribulation. Car alors, l'Antechrist venant, il s'attachera étroitement les princes séculiers par l'or, les pierres précieuses et une très-grande habileté, qu'ils aiment et recherchent. Ils adhèreront donc volontiers à lui, l'honorant comme Dieu et leur Seigneur, lui remettant le commandement et leurs sceaux avec leurs diplômes (avec pleins pouvoirs, probablement).

Hélas ! alors, venant vers le clergé, il le circonviendra par l'intérêt et avec une très-grande astuce, d'autant plus qu'il ne restera alors dans l'Eglise que peu d'évêques et autres prélats.

A cette époque, ces Frères, au péril de leur vie, prêcheront la foi catholique, promettant et donnant l'indulgence de tous leurs péchés à ceux qui seront vraiment pénitents, *et la vie éternelle sans purgatoire* à ceux qui persévèreront dans la foi. Parce que ces Frères auront vécu saintement dans le peuple, des fidèles seront associés en grand nombre avec eux au martyre. Beaucoup de Juifs et de païens sensés recevront par eux la foi catholique et le baptême. De là l'indignation de l'Antechrist, qui imposera des corvées et prodiguera des menaces à ceux qui viendront à leurs sermons. Bienheureux ceux qui alors les écouteront et les assisteront !

Les envoyés de l'Antechrist viendront. Ils transperceront d'une barre de fer (49) le saint prédicateur, parce qu'il prêche la doctrine chrétienne. Il faudra qu'il reste planté sur cette perche de fer pour jeter chez les autres la terreur et leur inspirer l'effroi. Ces envoyés porteront en spectacle parmi eux celui qui aura été ainsi transpercé. Les pieux chrétiens s'apitoieront et pleureront, les impies se moqueront et se réjouiront. Alors il chantera dans l'esprit de Dieu : « *Je crois en Dieu !* » et encouragera les fidèles, disant : « *Suivez-moi, enfants de Dieu !* »

Alors, tous ceux qui le suivront seront pris, flagellés les yeux bandés et conduits vers une

---

(49) Ils l'empaleront probablement.

grande étendue d'eau. Là, ils auront la tête tranchée et seront jetés dans le cours d'eau. Où il n'y aura point d'eau, il seront tués dans les champs.

Il est dans les desseins de Dieu que les yeux des Saints soient couverts, de peur que la fragilité humaine ne soit impressionnée par la vue de la très-grande pompe que les méchants, partisans de la bête, déploieront.

Ils (les chrétiens fidèles, sans doute) repêcheront (le corps du) saint prédicateur ainsi mis à mort à l'endroit qu'il aura prêché et souffert (le martyre). Après cela, ceux qui voudront suivre la foi en Jésus-Christ *seront des martyrs vivants* et de grands saints. La terrible puissance de l'Antechrist sera si grande que personne au monde ne pourra lui être comparé, puisque le Pape lui-même, ne pouvant prévaloir, se tournera vers les Frères et partagera leur sort dans la souffrance.

III.

De la venue d'Enoch et d'Elie.

Alors, à leur aide, viendront Enoch et Elie, qui sont maintenant dans le paradis, soutenus par la nourriture dont Adam eût dû se nourrir, s'il y était resté. Ils se gardent par obéissance à Dieu du fruit de l'arbre défendu. Cet arbre, je l'ai vu : il n'est pas grand, son fruit est fort beau, comme une rose, mais naturellement d'une saveur amère, signifiant l'amertume du péché. Dieu ne voulut pas que l'homme en fît usage, parce que ce fruit a encore cet inconvénient qu'il est un poison. Aussi cet arbre fut-il prohibé par Dieu à l'homme pour qui il ne créa pas ce qui est mauvais.

Dans cette extrême tribulation, lorsque ces Frères soutenant tout le peuple choisi l'auront amené à accepter le sacrifice, eux et la plupart des survivants se trouveront innocemment dans une extrémité telle qu'elle donnera lieu à une sainte prière pour que Dieu envoie vers eux le plus tôt possible Enoch et Elie ; le but de cette prière sera que ces personnages les consolent, les retirent des forêts, les prêchent et les préparent à la mort. Sortis tous les deux du paradis, remplis de la sagesse du Dieu de vérité, ils réfuteront l'Antechrist en lui résistant puissamment. Ils démontreront clairement son origine, en vertu de qui il fait des prodiges, d'où il vient et quelle sera sa fin. Ses partisans voyant qu'ils sont tombés dans une erreur déplorable en l'honorant comme Dieu par convoitise et concupiscence, des conversions s'opèreront surtout parmi les hommes de condition et des grandes dames qui s'étaient éloignés de la vraie foi.

Alors, les justes seront mis à mort, l'Antechrist se trouvant à cette époque au comble de sa puissance. Il ramassera tous les chrétiens qu'il pourra

trouver et préparera sur les places des chaudières
en ébullition. En présence de leurs femmes et
de leurs enfants, il les forcera à choisir entre
renoncer à la foi ou périr dans les tortures. Les
hommes répondront : « Courage, femmes ! pen-
sez non à nous, mais aux joies éternelles ; offrez-
vous en victime, et ainsi nous ne serons point
séparés ; au contraire, nous règnerons ensemble ».

Les épouses et les enfants répondront : « Seigneur Jésus, fils de la Vierge, pour toi volontiers
nous subirons le martyre ».

Alors, les martyrs seront précipités avec leurs
enfants dans une grande fosse pleine de feu. On
jettera sur eux du feu, du bois, de la paille, et
ils seront brûlés.

Or, quand un ange tirera Enoch et Elie du
Paradis, sans que leur gloire et leur félicité descendent avec eux, voyant la terre ils seront stu-
péfiés, comme ceux qui voient la mer redoutent
de la traverser. Alors, reprenant leur forme terrestre, ils seront mortels. Leur nourriture sera
du miel et des figues ; leur breuvage du vin mêlé
d'eau. Mais leur âme sera remplie de l'onction
de Dieu.

Leur route sera des Indes dans la direction de la
mer (Atlantique, sans doute, la France : *Iter eorum*
ab India usque ad mare). L'un et l'autre sera suivi
de la grande multitude des fidèles fuyant l'Antechrist. Ils seront tous mis à mort comme des
chiens enragés, dont la vie est redoutée comme

une peste. Les chrétiens occultes, sachant qu'ils ne pourront éviter plus longtemps le péril de la persécution, s'attacheront à eux.

Elie le premier sera attaché à une croix très-élevée, par les mains percées de clous ; parce qu'il aura souvent prêché la glorification de la croix et exalté tout ce que Jésus-Christ a souffert sur la croix. Ce supplice lui sera infligé dans le dessein que, brisé par ce long tourment, il fléchisse dans la foi, il s'attache à l'Antechrist pour éviter la mort. Mais, gardant le silence, il restera suspendu à la croix pendant trois jours et trois nuits, édifiant le peuple jusqu'au dernier soupir. Alors j'ai vu Dieu le Père recevoir son âme des mains de son Fils, disant : « Viens, mon ami, ton heure est enfin arrivée ! » Et, dans une splendeur céleste, Dieu le reçoit au sortir de ce monde.

On ne permet pas qu'il soit enseveli pour inspirer la terreur aux chrétiens, mais l'aspect du saint corps excite davantage leur foi et leur dévotion. Ils le vénèreront. La présence de ce corps sacré les remplit d'une telle suavité qu'ils font peu de cas de la mort et de toutes les choses terrestres.

Enoch survit. L'Antechrist le permet, parce qu'il se plaît à entendre toute la science de Dieu que sait Enoch. Il a l'espoir de la tourner à son profit, pensant pouvoir s'attacher Enoch lui-même et ainsi dominer tout le monde. Cependant tant (de ses partisans) se retirent de l'Antechrist qu'il commence à se conduire plus sévèrement à l'égard d'Enoch. Alors, Enoch l'apostrophe le premier de cette manière : « Tu es le fléau de toute la terre. Tu as été envoyé par Dieu pour consommer la ruine des pervers et servir d'épreuve aux élus. Puisque tu as la connaissance de l'un et de l'autre Testament, vois donc quelle sera la fin que tes actes te préparent, si tu le veux et s'il te plaît. Selon l'Ecriture, tu es le fils de perdition, comme toi-même le lis. Tu n'as pas créé le ciel et la terre, ni donné la vie aux anges. Tu n'a pas fait l'homme ni aucune autre créature. Comment pourrais-tu être Dieu ? Tes œuvres sont des fourberies ; la vérité est Jésus-Christ, qui est Dieu et vit avec le Père ».

IV.

Mort d'Enoch.

Irrité, le fils de perdition répond : « De quel front, moi présent, nommes-tu mon ennemi et ne crains-tu pas de lui attribuer ma gloire ? Je m'en consolerai, et de toi je délivrerai le monde. Saisissez-le », dit-il, « et versez-lui dans la bouche de la poix bouillante. Serrez-lui le cou avec de fortes courroies et que sur-le-champ, mon ennemi se taise ! Si je pouvais supporter ce qu'il dit, volontiers plus longtemps je prolongerais ses tourments. Suspendez-le, mort, plus haut que tous les criminels, afin que tous ceux qui le verront craignent de croire dans le Christ. Il a blasphémé, il est coupable de lèse-majesté. Il a professé une doctrine chimérique, mon existence a été prédite depuis longtemps ; d'après ce que je sais, ma vie sera prospère ».

Alors Enoch, priant intérieurement, dira : « Père saint, Fils et Esprit-Saint, vous êtes éternel et indivisible ; je vous rends grâces de ce que depuis longtemps vous m'avez choisi, et de ce que vous avez voulu que je souffre pour vous maintenant. Je vous prie pour vos brebis et les miennes, désormais abandonnées sans pasteur. Veillez sur elles d'une manière particulière et consolez-les paternellement. Recevez mon âme : de mon corps je n'ai souci ».

J'ai vu la divine réponse qui lui est alors donnée, son action de grâce et sa prière ; je l'ai lue écrite dans le livre de l'éternité. Elle est ainsi conçue : « Cher fils, hâte-toi fort maintenant de venir à moi, parce que je suis vraiment glorifié en ta personne. Ceux pour qui tu pries baptiseront eux-mêmes les enfants, je vais promptement les soustraire à la tyrannie du fils de perdition. Dans leur cœur ils resteront fidèles et je les garderai de tomber dans les filets du désespoir. Viens, mon cher, je t'attends, et en toi mon cœur se complaît ».

PROPHÉTIE DE SAINT VINCENT FERRIER

RELATIVE AUX APÔTRES DES DERNIERS TEMPS.

Saint Vincent Ferrier écrit à un des Frères Prêcheurs, les Dominicains : « Trois choses pour nous sont à méditer particulièrement et presque assidûment. La première, le Christ crucifié, son incarnation, etc. La seconde, la manière d'être des Apôtres et des Frères qui nous ont précédés dans notre Ordre, cela dans le dessein de nous rendre conformes à eux. Le troisième, l'*état* FUTUR *des hommes évangéliques*. Voici ce que tu devras considérer nuit et jour : leur manière d'être des plus pauvres, des plus simples, leur douceur, humilité, abaissement, charité très-ardente entre eux, n'ayant de pensée, de paroles et d'affections que pour Jésus crucifié, sans souci de ce monde ; s'oubliant eux-mêmes, contemplant la gloire de Dieu et des Saints et soupirant mélodieusement vers elle ; toujours dans l'attente de la mort pour Dieu et disant comme saint Paul : *Je désire mourir et être avec le Christ*, je soupire après les innombrables et inestimables trésors des richesses célestes, les estimant plus que les doux et agréables ruisseaux des richesses, des suavités et des plaisirs (d'ici-bas). Car les premières sont admirablement répandues sur toutes choses et cachées en elles.

« Par conséquent, tu devras te représenter ces hommes évangéliques chantant le cantique angélique avec joie et le reproduisant sur la harpe de leur cœur. Cette perspective te conduira, plus qu'on ne saurait le croire, à un certain désir, impatient de l'avènement de ces temps. Elle te guidera dans une admirable lumière, sans nuage de doute ni d'ignorance. Tu verras très-clairement et tu discerneras distinctement les défauts de ces temps et l'enchaînement mystique des Ordres ecclésiastiques qui ont surgi depuis le commencement de l'Eglise du Christ, et qui seront fondés jusqu'à la fin du monde, même jusqu'à l'époque où le grand Dieu Jésus-Christ apparaîtra glorieux. Porte donc toujours ce divin Crucifié dans ton cœur, afin qu'Il te conduise à sa gloire dans l'éternité. Ainsi soit-il ».

(Fin du *Traité de la Vie spirituelle*, par saint Vincent Ferrier.)

Extrait de l'ouvrage intitulé : *Sancti patris nostri* VINCENTII FERRARII, *Valentini*, ordinis Prædicatorum, opuscula, a Fratre Vincentio Justiniano Antistio, sacræ Theologiæ doctore, collecta et scholiis explicata. *Omnia* Sanctæ Romanæ Ecclesiæ correctioni submissa sunto. Valentiæ, apud Petrum Patricium, 1591. Bibliothèque nationale de France. D 5639.

Le Fr. Vincent Justin-Antistius a ajouté cette note :

Perspicue prædicit author felicissimum tempus aliquando futurum, quo Apostolicum sæculum rediisse videbitur, ob summam sanctissimorum virorum perfectionem. Quod ne dubium quisquam, aut libere dictum existimet : legat Paulum capite undecimo epistolæ ad Romanos, Oseam capite tertio, Isaiam capite ultimo, Zachariam capite duodecimo, et Malachiam capite ultimo, ac divum Thomam, aliosque authores in illa verba capitis undecimi epistolæ ad Romanos : *Diminutio eorum divitiæ gentium ; quanto magis plenitudo eorum,* ac denique Augustinum libro vigesimo de *Civitate Dei*, capite trigesimo. Quibus adde regium Vatem Psalmo nonagesimo primo dicentem : *Adhuc multiplicabuntur in senecta uberi et senectus mea misericordia uberi.* Quibus verbis haud obscure ubertatem senescentis Ecclesiæ innuit. Nam mihi brevitatem affectanti, fontes tantum digito indicasse, sufficit.

Une tradition, publiée par un P. Dominicain, semblant détruire le caractère prophétique de cette partie du discours de Saint Vincent-Ferrier, nous avons pris la résolution impartiale de mettre sous les yeux du lecteur le texte latin, sa traduction et la nôtre.

Traduction donnée par le R. P. Fr.-André Pradel, dominicain, à la page 228 du livre : *Saint Vincent Ferrier*, édité chez Poussielgue, à Paris, 1864. Elle porte cette approbation :

Sur le rapport des Fr. J.-M. M... et B..., ce livre a été approuvé par le Fr. A.-N. S..., des Frères Prêcheurs, provincial de la province de France, et par M. A. DE P..., vicaire général à Toulouse, le 10 octobre 1863.

« Il y a aussi trois choses que nous devons méditer avec une grande assiduité : 1° Jésus-Christ crucifié, incarné, et tous ses autres mystères ; 2° la vie des Apôtres et celle des Saints qui ont vécu dans notre Ordre, et qui doivent être l'objet particulier de notre imitation ; 3° la vie de ceux qui sont destinés à la prédication de l'Evangile, en nous occupant nuit et jour des vertus qui leur sont propres, de leur pauvreté, de leur simplicité, de leur humilité, de leur douceur, de la charité qui doit les unir ensemble, en pensant qu'ils ne doivent avoir d'autre vue, ne parler d'autre chose, et n'avoir d'autre goût que Jésus-Christ seul, et Jésus-Christ crucifié, n'avoir

..... Tria sunt a nobis singulariter, et quasi assidue meditanda. Primum Christus crucifixus, incarnatus, etc. Secundum, status Apostolorum, et Fratrum præteritorum nostri Ordinis, et hoc cum desiderio, ut illis conformemur. Tertium, status virorum evangelicorum futurus. Et hæc debes die, noctuque meditari, scilicet statutum pauperrimorum, simplicissimorum, et mansuetuorum, humilium, abjectorum, charitate ardentissima conjunctorum, nihil cogitantium, aut loquentium, nec sapientium, nisi solum Jesum Christum, et hunc crucifixum, nec de hoc mundo curantium, suique oblitorum, supernam Dei et beatorum gloriam contemplantium, et ad eam medullitus suspirantium, et ob ipsius amorem semper mortem sperantium, et ad instar Pauli dicentium : *Cupio dissolvi, et esse cum Christo*, et innumerabiles, ac inæstimabiles thesauros divitiarum cœlestium, et super dulces et mellifluos rivas divitiarum, suavitatum, ac jucunditatum, et super omnia mirabiliter expansos, et super infusos. Et per consequens imaginari debes eos ipsos, ut cantantes canticum angelicum cum jubilo, citharizantium in citharis cordis sui. Hæc imaginatio ducet te, plusquam credi potest, in quoddam impatiens desiderium adventus illorum temporum. Ducet te in quoddam admirabile lumen, amoto omnis dubietatis, ac ignorantiæ nubilo, et limpidissime videbis, et distincte discernes omnes defectus istorum temporum et mysticum ordinem ecclesiasticorum ordinum productorum, et producendorum ab initio Ecclesiæ Christi usque ad finem sæculi, et usque ad gloriam summi Dei Jesu Christi : Crucifixum semper portans in corde tuo, ut te suam æternam gloriam perducat. Amen.

que du mépris pour toutes les choses du monde, s'oublier eux-mêmes, pour n'attacher leurs regards que sur la majesté de Dieu et sur la gloire des bienheureux, soupirer, du fond du cœur, vers cette gloire céleste, aspirer toujours à la mort dans l'ardeur de ce désir, et dire comme saint Paul : « Je désire être délivré des « liens de ce corps pour être avec « Jésus-Christ ; je souhaite d'avoir « part à ces trésors inépuisables de « richesses célestes, d'être abîmé « dans cette source ineffable de « plaisirs éternels, et me rassasier « de leur douceur infinie ». Il faut se représenter les bienheureux chantant avec une joie inconcevable. le cantique des Anges, et faisant de leur cœur un instrument consacré à la gloire du Seigneur. Rien ne pourra produire plus sûrement cet ardent désir de cet heureux temps que cette représentation. Par elle, vous serez éclairés d'une admirable lumière qui dissipera tous les doutes et tous les nuages de l'ignorance. Alors vous connaîtrez d'une manière plus distincte et les défauts de notre malheureux temps, et les différents progrès des Ordres qui, depuis Jésus-Christ, se sont formés ou doivent se former dans l'Eglise jusqu'à la fin des siècles et jusqu'à la consommation de la gloire de Jésus-Christ. Portez donc toujours au milieu de votre cœur ce Dieu crucifié, afin qu'il vous admette un jour à la participation de sa gloire éternelle. Ainsi soit-il ».

PRIÈRE PROPHÉTIQUE
DU VÉNÉRABLE DE MONTFORT,

EN FAVEUR DES APÔTRES DES DERNIERS TEMPS.

Souvenez-vous, Seigneur, souvenez-vous de votre Congrégation que vous avez possédée dès le commencement, en pensant à elle dès l'éternité ; que vous teniez dans votre main toute-puissante, lorsque, d'un mot, vous tiriez l'univers du néant, et que vous cachiez encore dans votre cœur, lorsque votre Fils, mourant en croix, l'a consacrée par sa mort, et l'a confiée, comme un dépôt précieux, aux soins de sa très-sainte Mère : « *Memor esto Congregationis tuæ quam possedisti ab initio* ».

Exaucez, Seigneur, les desseins de votre miséricorde ; suscitez les hommes de votre droite, tels que vous les avez montrés en donnant des connaissances prophétiques à quelques-uns de vos plus grands serviteurs, à un saint François de Paule, à un saint Vincent Ferrier, à une sainte Catherine de Sienne, et à tant d'autres grandes âmes dans le siècle passé, et même dans celui où nous vivons.

Memento : Dieu tout-puissant, souvenez-vous de cette Compagnie, en y appliquant la toute-puissance de votre bras, qui n'est point raccourci, pour lui donner le jour et la produire, et pour la conduire à sa perfection. « *Innova signa, immuta mirabilia, sentiamus adjutorium brachii tui* ».

O grand Dieu ! qui pouvez des pierres brutes

faire autant d'enfants d'Abraham, dites une seule parole en Dieu pour envoyer de bons ouvriers dans votre moisson et de bons missionnaires dans votre Eglise.

Memento : Dieu de bonté, souvenez-vous de vos anciennes miséricordes, et, par ces mêmes miséricordes, souvenez-vous de cette Congrégation ; souvenez-vous des promesses réitérées que vous nous avez faites par vos Prophètes et par votre Fils même, de nous exaucer dans nos justes demandes. Souvenez-vous des prières que vos serviteurs et vos servantes vous ont faites sur ce sujet depuis tant de siècles ; que leurs vœux, leurs sanglots, leurs larmes et leur sang répandu viennent en votre présence, pour solliciter puissamment votre miséricorde. Mais souvenez-vous surtout de votre cher Fils : *Jetez vos yeux sur le visage de votre Christ* : « Respice in faciem Christi tui ». (Ps. LXXXIII, 10.) Que vos yeux contemplent son agonie, sa confusion et sa plainte amoureuse au Jardin des Olives, lorsqu'il dit : *Quelle utilité retirerez-vous de ma mort ?* « Quæ utilitas in sanguine meo ? » (Ps. XXIX, 10.) Sa mort cruelle et son sang répandu vous crient hautement miséricorde, afin que, par le moyen de cette Congrégation, son empire soit établi sur les ruines de ses ennemis.

Memento : Souvenez-vous, Seigneur, de cette Communauté dans les effets de votre justice. *Il est temps que vous agissiez, Seigneur, ils ont renversé votre loi* : « Tempus faciendi, Domine, dissipaverunt legem tuam » (Ps. CXVIII, 126) : il est temps de faire ce que vous avez promis. Votre divine loi est transgressée ; votre Evangile méconnu ; votre religion abandonnée ; les torrents de l'iniquité inondent toute la terre et entraînent jusqu'à vos serviteurs ; toute la terre est désolée : *Toute la terre est dans une extrême désolation* : « Desolatione desolata est omnis terra » (Jerem., XII, 11) ; l'impiété est sur le trône ; votre sanctuaire est profané, et l'abomination est jusque dans le lieu saint. Laisserez-vous ainsi tout à l'abandon, juste Seigneur, Dieu des vengeances ? Tout deviendra-t-il, à la fin, comme Sodome et Gomorrhe ? Vous tairez-vous toujours ? Ne faut-il pas que votre volonté soit faite sur la terre comme dans le Ciel, et que votre règne arrive ? N'avez-vous pas montré par avance à quelques-uns de vos amis une future rénovation de votre Eglise ? Les Juifs ne doivent-ils pas se convertir à la vérité ? N'est-ce pas ce que l'Eglise attend ? Tous les Saints du Ciel ne vous crient-ils pas : *Justice !* « Vindica ? » Tous les justes de la terre ne vous disent-ils pas : « Amen, veni, Domine ! » (Apoc., XXII, 20.) Toutes les créatures, même les plus insensibles, ne gémissent-elles pas sous le poids des péchés innombrables de Babylone, et ne demandent-elles pas votre venue pour rétablir toutes choses ? « *Omnis creatura ingemiscit* ». (Rom., VIII, 22.)

Seigneur Jésus, « memento Congregationis tuæ ». Souvenez-vous de donner à votre Mère une nouvelle Compagnie, pour renouveler, par elle, toutes choses, et pour finir par Marie les années de la grâce, comme vous les avez commencées par elle.

« *Da Matri tuæ liberos, alioquin moriar* » : donnez des enfants, des serviteurs à votre Mère : autrement, que je meure. « *Da Matri tuæ* ». C'est pour votre Mère que je vous prie. Souvenez-vous de ses entrailles et de ses mamelles, et ne me rebutez pas; souvenez-vous de qui vous êtes Fils, et m'exaucez; souvenez-vous de ce qu'elle vous est et de ce que vous lui êtes, et satisfaites à mes vœux. Qu'est-ce que je vous demande? rien en ma faveur, tout pour votre gloire. Qu'est-ce que je vous demande? ce que vous pouvez, et même, je l'ose dire, ce que vous devez m'accorder, comme Dieu véritable que vous êtes, à qui toute puissance a été donnée au Ciel et sur la terre, et comme le meilleur de tous les enfants, qui aimez infiniment votre Mère.

Qu'est-ce que je vous demande? *Liberos* : Des prêtres libres de votre liberté, détachés de tout, sans père, sans mère, sans frères, sans sœurs, sans parents selon la chair, sans amis selon le monde, sans bien, sans embarras, sans soins, et même sans volonté propre.

Liberos : Des esclaves de votre amour et de votre volonté; des hommes selon votre cœur, qui, sans propre volonté qui les souille et les arrête, fassent toutes vos volontés et terrassent tous vos ennemis, comme autant de nouveaux Davids, le bâton de la Croix et la fronde du saint rosaire dans les mains : « In baculo Cruce et in virga Virgine ».

Liberos : Des âmes élevées de la terre et pleines de la rosée céleste, qui, sans empêchement, volent de tout côté selon le souffle du Saint-Esprit. Ce sont eux, en partie, dont vos Prophètes ont eu la connaissance, quand ils ont demandé : *Qui sont ces hommes agiles comme les nues ?* « Qui sunt isti qui ut nubes volant? » (Isa., LX, 8.) — *Ils allaient où les poussait l'impétuosité de l'esprit* : « Ubi erat impetus spiritus, illuc gradiebantur ». (Ezech., I, 12.)

Liberos : Des gens toujours à votre main, toujours prêts à vous obéir, à la voix de leurs supérieurs, comme Samuel : *Me voilà* : « Præsto sum » ; toujours prêts à courir et à tout souffrir avec vous et pour vous, comme les Apôtres : *Allons-y aussi, nous, et mourons avec lui* : « Eamus et nos, ut moriamur cum eo ». (S. Joan., XI, 16.)

Liberos : De vrais enfants de Marie, votre sainte Mère, qui soient engendrés et conçus par sa charité, portés dans son sein, attachés à ses mamelles, nourris de son lait, élevés par ses soins, soutenus de ses bras et enrichis de ses grâces.

Liberos : De vrais serviteurs de la sainte Vierge, qui, comme autant de saints Dominiques, aillent partout, le flambeau luisant et brûlant du saint Evangile dans la bouche et le saint Rosaire à la main, aboyer comme des chiens fidèles, contre les loups qui ne veulent que déchirer le troupeau de Jésus-Christ ; brûler comme des feux, et éclairer les ténèbres du monde comme des soleils ; et qui, par le moyen d'une vraie dévotion à Marie, c'est-à-dire intérieure, sans hypocrisie ; extérieure, sans critique ; prudente, sans ignorance ; tendre, sans indifférence ; constante, sans légèreté, et sainte, sans présomption, écrasent, partout où ils iront, la tête de l'ancien serpent, afin que la malédiction que vous lui avez donnée soit entièrement accomplie. *Je mettrai des inimitiés entre toi et la femme, entre sa race et la tienne. Elle te brisera la tête* : « Inimicitias ponam inter te et mulierem, et semen tuum et semen illius ; ipsa conteret caput tuum ». (Gen., III, 15.)

Il est vrai, grand Dieu, que le monde mettra, comme vous l'avez prédit, de grandes embûches au talon de cette femme mystérieuse, c'est-à-dire à la petite Compagnie de ses enfants qui viendront sur la fin du monde, et qu'il y aura de grandes inimitiés entre cette bienheureuse postérité de Marie et la race maudite de Satan ; mais c'est une inimitié toute divine, et la seule dont vous soyez l'auteur : « Inimicitias ponam ». Mais ces combats et ces persécutions, que les enfants de la race de Bélial livreront à la race de votre sainte Mère, ne serviront qu'à faire davantage éclater la puissance de votre grâce, le courage de leur vertu, et l'autorité de votre Mère : puisque vous lui avez donné, dès le commencement du monde, la commission d'écraser cet orgueilleux par l'humilité de son cœur : « Ipsa conteret caput tuum ».

Alioquin moriar. Ne vaut-il pas mieux pour moi mourir que de vous voir, mon Dieu, tous les jours si cruellement et si impunément offensé, et de me voir moi-même tous les jours en danger d'être entraîné par les torrents de l'iniquité qui grossissent à chaque instant sans que rien s'y oppose ? Ah ! mille morts me seraient plus tolérables. Ou envoyez-moi du secours du ciel, ou enlevez mon âme. Oui, si je n'avais pas l'espérance que vous exaucerez, tôt ou tard, ce pauvre pécheur, dans les intérêts de votre gloire, comme vous en avez déjà exaucé tant d'autres : *Ce pauvre a crié et le Seigneur l'a exaucé :* « Iste pauper clamavit et Dominus exaudivit eum » (Ps. XXXIII, 6), je vous en prierais absolument comme le Prophète : *Prenez ma vie :* « Tolle animam meam » (III Reg., XIX, 4.).

Mais la confiance que j'ai en votre miséricorde me fait dire, avec un autre prophète : *Je ne mourrai pas,*

mais je vivrai et je raconterai les œuvres du Seigneur :
« Non moriar, sed vivam, et narrabo opera Domini »
(Ps. CXVII, 17.); jusqu'à ce que je puisse dire avec
Siméon : *Laissez-moi aller en paix, Seigneur, mes yeux
ont vu le salut, accordé par vous :* « Nunc dimittis ser-
vum tuum, Domine... in pace, quia viderunt oculi
mei, etc. » (S. Luc., II, 29.).

Memento : Saint-Esprit, souvenez-vous de produire
et de former des enfants de Dieu, avec votre divine
et fidèle épouse Marie. Vous avez formé Jésus-Christ,
le chef des prédestinés, avec elle et en elle; c'est
avec elle et en elle que vous devez former tous
ses membres. Vous n'engendrez aucune personne
divine dans la Divinité; mais c'est vous seul qui for-
mez toutes les personnes divines hors de la Divinité;
et tous les Saints, qui ont été et seront jusqu'à la
fin du monde, sont autant d'ouvrages de votre
amour uni à Marie. Le règne spécial de Dieu le Père
a duré jusqu'au déluge, et a été terminé par un
déluge d'eau ; le règne de Jésus-Christ a été terminé par un déluge de sang ; mais votre règne,
Esprit du Père et du Fils, continue à présent, et
sera terminé par un déluge de feu, d'amour et de
justice.

Quand sera-ce que viendra ce déluge de feu du
pur amour, que vous devez allumer sur toute la
terre d'une manière si douce et si véhémente, que
toutes les nations, les Turcs, les idolâtres, les Juifs
mêmes en brûleront, et se convertiront? *Personne ne
pourra se dérober à sa chaleur :* « Non est qui se
abscondat a calore ejus » (Ps. XVIII, 7.)

Accendatur : Que ce divin feu que Jésus-Christ
est venu apporter sur la terre soit allumé avant que

vous allumiez celui de votre colère, qui réduira tout en cendre : *Envoyez votre Esprit, ils seront créés et vous renouvellerez le face de la terre* ; « Emitte Spiritum tuum, et creabuntur, et renovabis faciem terræ ». (Ps. CIII, 30.) Envoyez cet Esprit tout de feu sur la terre, pour y créer des prêtres tout de feu, par le ministère desquels la face de la terre soit renouvelée et votre Eglise réformée.

Memento Congregationis tuæ : C'est une congrégation, c'est une assemblée, c'est un choix, c'est une triette de prédestinés, que vous devez faire dans le monde et du monde : *Je vous ai moi-même choisis parmi le monde* : « Ego elegi vos de mundo ». (S. Joan., XVII, 6.) C'est un troupeau d'agneaux paisibles que vous devez ramasser parmi tant de loups ; une compagnie de chastes colombes et d'aigles royales parmi tant de corbeaux ; un essaim de mouches à miel parmi tant de frelons ; un troupeau de cerfs agiles parmi tant de tortues ; un bataillon de lions courageux parmi tant de lièvres timides. Ah ! Seigneur : *Réunissez-nous en nous prenant parmi les nations* : « Congrega nos de nationibus » (Ps. CV, 47) ; assemblez-nous, unissez-nous, afin qu'on en rende toute la gloire à votre nom saint et puissant.

Vous avez prédit cette illustre Compagnie à votre Prophète, qui s'en explique en termes fort obscurs et forts secrets, mais divins : *Vous séparerez, ô Dieu, et vous destinerez pour ces peuples, qui sont votre héritage, une pluie volontaire ; et, s'ils ont été affaiblis, vous leur donnerez votre protection. Votre troupeau demeurera dans votre héritage. Vous avez, ô Dieu, préparé, par un effet de votre douceur, une nourriture pour le pauvre. Le Seigneur remplira de sa parole les hérauts de sa gloire, afin qu'ils l'annoncent avec une grande force. Le Roi des vertus sera chéri, aimé ; et le partage qu'il fera des dépouilles contribuera à la beauté de sa maison. Quand vous seriez couchés sur les pierres qui servent de chenets, au milieu des chaudières bouillantes, vous deviendrez comme la colombe dont les ailes sont argentées, et dont l'extrémité du dos représente l'éclat de l'or. Pendant que le Roi du ciel exerce son jugement sur les rois en faveur de notre terre, ses habitants deviendront blancs comme la neige du mont Selmon. La montagne de Dieu est une montagne grasse, une montagne solide et fertile. Mais pourquoi regardez-vous avec envie d'autres montagnes ? La sienne est celle sur laquelle Dieu se plaît à habiter et où le Seigneur demeurera jusqu'à la fin :* « Pluviam voluntariam segregabis, Deus, hæreditati tuæ, et infirmata est ; tu vero perfecisti eam. Animalia tua habitabunt in ea. Parasti in dulcedine tua pauperi, Deus. Dominus dabit verbum evangelizantibus virtute multa. Rex virtutum, dilecti, dilecti, et speciei domus dividere spolia. Si dormiatis inter medios cleros, pennæ columbæ deargentatæ, et posteriora dorsi ejus in pallore auri. Dum discernit cœlestis greges super eam, nive dealbabuntur in Selmon. Mons Dei, mons pinguis ; mons coagulatus, mons pinguis ; ut quid suspicamini montes coagulatos ? mons in quo beneplacitum est Deo habitare in eo, etenim Dominus habitabit in finem ». (Ps. LXVII, 10-17.)

Quelle est, Seigneur, cette pluie volontaire que vous avez séparée et choisie pour votre héritage affaibli, sinon ces saints missionnaires, Enfants de Marie votre Epouse, que vous devez assembler et séparer du monde, pour le bien de votre Eglise, si affaiblie et si souillée par les crimes de ses enfants ?

Qui sont ces animaux et les pauvres qui demeureront dans votre héritage, et qui y seront nourris de la douceur divine que vous leur avez préparée, sinon ces pauvres missionnaires abandonnés à la Providence, qui regorgeront de vos divines délices ; sinon ces animaux mystérieux d'Ezéchiel, qui auront l'humanité de l'homme, par leur charité désintéressée et bienfaisante envers le prochain ; le courage du lion, par leur sainte colère et leur zèle ardent et prudent contre les démons et les enfants de Babylone ; la force du bœuf, par leurs travaux apostoliques et leur mortification contre la chair ; et enfin l'agilité de l'aigle, par leur contemplation en Dieu ?

Tels sont les missionnaires que vous voulez envoyer dans votre Eglise. Ils auront un œil d'homme pour le prochain, un œil de lion contre vos ennemis, un œil de bœuf contre eux-mêmes, et un œil d'aigle pour vous. Ces imitateurs des Apôtres prêcheront « virtute multa, virtute magna », avec une grande force et vertu, et si grande, et si éclatante, qu'ils remueront tous les esprits et les cœurs des lieux où ils prêcheront. C'est à eux que vous donnerez votre parole : « Dabis verbum » ; votre bouche même et votre sagesse : *Je vous donnerai des paroles et une sagesse à laquelle tous vos adversaires ne sauront résister* : « Dabo vobis os et sapientiam, cui non poterunt resistere omnes adversarii vestri ». (S. Luc, XXI, 15.)

C'est parmi ces bien-aimés que vous, ô aimable Jésus, vous prendrez vos complaisances en qualité

de Roi des vertus, puisqu'ils n'auront point d'autre
but dans toutes leurs missions que de vous donner
toute la gloire des dépouilles qu'ils remporteront
sur vos ennemis : « *Rex virtutum, dilecti, dilecti, et
speciei domus dividere spolia* ». (Ps. LXVII, 13.)

Par leur abandon à la Providence et leur dévotion
à Marie, ils auront les ailes argentées de la colombe : « *inter medios cleros, pennæ columbæ deargentatæ* » : c'est-à-dire la pureté de la doctrine
et des mœurs ; et le dos doré, et « *posteriora dorsi
ejus in pallore auri* (Id., 14) : c'est-à-dire une parfaite charité envers le prochain pour supporter ses
défauts, et un grand amour de Jésus-Christ pour
porter sa croix.

Vous seul, ô Jésus, comme le Roi des cieux et le
Roi des rois, séparerez du monde ces missionnaires,
comme autant de rois, pour les rendre plus blancs
que la neige sur la montagne de Selmon, montagne
de Dieu, montagne abondante et fertile, montagne
forte et coagulée, montagne dans laquelle Dieu se
complaît merveilleusement, et dans laquelle il demeure et demeurera jusqu'à la fin.

Qui est, Seigneur, Dieu de vérité, cette mystérieuse montagne, dont vous nous dites tant de
merveilles, sinon Marie, votre chère épouse, dont
vous avez mis les fondements sur la cime des plus
hautes montagnes ? *Ses fondations sont établies sur des
montagnes saintes.* « Fundamenta ejus in montibus
sanctis... » (Ps. LXXXVI, 1.) *C'est une montagne au
sommet des monts.* « Mons in vertice montium ».
(Mich., IV, 2)

Heureux et mille fois heureux les prêtres que vous
avez si bien choisis et prédestinés pour demeurer

avec vous sur cette abondante et divine montagne,
afin d'y devenir des rois de l'éternité, par leur
mépris de la terre et leur élévation en Dieu ; afin
d'y devenir plus blancs que la neige par leur union
à Marie, votre épouse toute belle, toute pure et toute
immaculée ; afin de s'y enrichir de la rosée du ciel
et de la graisse de la terre, de toutes les bénédictions temporelles et éternelles dont Marie est toute
remplie.

C'est du haut de cette montagne que, nouveaux
Moïses, ils lanceront, par leurs ardentes prières,
des traits contre leurs ennemis, pour les terrasser
ou les convertir ; c'est sur cette montagne qu'ils
apprendront, de la bouche même de Jésus-Christ
qui y demeure toujours, l'intelligence de ses huit
béatitudes ; c'est sur cette montagne de Dieu qu'ils
seront transfigurés avec lui comme sur le Thabor,
qu'ils mourront avec lui comme sur le Calvaire, et
qu'ils monteront au ciel avec lui comme sur la
montagne des Oliviers.

Memento Congregationis tuæ. C'est à vous seul à
faire par votre grâce cette assemblée ; si l'homme y
met le premier la main, rien ne sera fait ; s'il y
mêle du sien avec vous, il gâtera tout, il renversera tout. « Tuæ congregationis » : c'est votre ouvrage, grand Dieu : « Opus tuum fac », faites votre
œuvre toute divine ; amassez, appelez, assemblez
de tous les lieux de votre domination vos élus pour
en faire un corps d'armée contre vos ennemis.

Voyez-vous, Seigneur, Dieu des armées, les capi-
taines qui forment des compagnies complètes, les
potentats qui font des armées nombreuses, les na-
vigateurs qui réunissent des flottes entières, les

marchands qui s'assemblent en grand nombre dans
les marchés et les foires ! Que de larrons, d'impies,
d'ivrognes, de libertins, s'unissent en foule contre
vous tous les jours, et si facilement et si promptement ! Un coup de sifflet qu'on donne, un tambour
qu'on bat, une pointe d'épée émoussée qu'on montre, une branche sèche de laurier qu'on promet, un
morceau de terre jaune ou blanche qu'on offre, en
trois mots, une fumée d'honneur, un intérêt de
néant, un chétif plaisir de bête, qu'on a en vue, réunit en un instant les voleurs, ramasse les soldats,
joint les bataillons, assemble les marchands, remplit les maisons et les marchés, et couvre la terre
et la mer d'une multitude innombrable de réprou-
vés, qui, quoique tous divisés les uns d'avec les
autres, ou par l'éloignement des lieux, ou par la
différence de l'humeur, ou par leurs propres intérêts, s'unissent cependant tous ensemble jusqu'à la
mort, pour vous faire la guerre sous l'étendard et
la conduite du démon.

Et nous, grand Dieu ! quoiqu'il y ait tant de gloire
et de profit, tant de douceur et d'avantage à vous
servir, quasi personne ne prendra votre parti en
main ? Quasi aucun soldat ne se rangera sous vos
étendards ? Quasi aucun saint Michel ne s'écriera
du milieu de ses frères, en zélateur de votre gloire :
Qui est comme Dieu ! « Quis ut Deus ? »

Ah ! permettez-moi de crier partout : Au feu ! au
feu ! au feu ! à l'aide ! à l'aide ! à l'aide ! Au feu
dans la maison de Dieu ! au feu dans les âmes ! au
feu jusque dans le sanctuaire ! A l'aide de notre
frère qu'on assassine ! à l'aide de nos enfants qu'on
égorge ! à l'aide de notre bon Père qu'on poi-

gnarde ! *Si quelqu'un prend le parti du Seigneur, qu'il
se joigne à moi.* « Si quis est Domini, jungatur mihi »
(Exode, XXXII, 26) ; que tous les bons prêtres qui sont
répandus dans le monde chrétien, et ceux qui sont
actuellement au milieu du combat, et ceux qui se
sont tirés de la mêlée pour s'enfoncer dans les déserts et les solitudes, que tous ces bons prêtres
viennent et se joignent à nous : *Les forces réunies
deviennent plus fortes :* « Vis unita fit fortior » ; afin
que nous fassions, sous l'étendard de la Croix,
une armée bien rangée en bataille et bien réglée,
pour attaquer de concert les ennemis de Dieu qui
ont déjà sonné l'alarme : « Sonuerunt, frendue-
runt, fremuerunt, multiplicati sunt. Dirumpamus
vincula eorum et projiciamus a nobis jugum ipso-
rum. Qui habitat in cœlis irridebit eos. Exurgat
Deus, et dissipentur inimici ejus » !

Exurge, Domine, quare obdormis ? Exurge. Seigneur, levez-vous : pourquoi semblez-vous dor-
mir ? Levez-vous dans toute votre puissance, votre
miséricorde et votre justice, pour vous former une
Compagnie choisie de gardes du corps, pour garder
votre maison, pour défendre votre gloire et sauver
ces âmes qui coûtent tout votre sang, afin qu'il n'y
ait qu'un bercail et qu'un pasteur, et que tous vous
rendent gloire dans votre saint temple : « *Et in
templo ejus omnes dicant gloriam* ».

Amen.

EPILOGUE.

Lecteur, ces pages ne sont qu'une Introduction à neuf autres volumes de l'*Histoire révélée de l'avenir.* Il convient donc de ne pas étendre davantage l'horizon de ce simple coup d'œil, jeté sur les évènements futurs.

Veuillez prier Dieu pour le prêtre qui se dévoue à la tâche difficile et périlleuse de composer cette *Histoire,* destinée à servir d'avertissement à la société, tant religieuse que civile. L'auteur est un peu dans le cas d'un soldat parti en éclaireur, loin, très-loin du corps d'armée. Seul !... mille dangers inconnus l'environnent. Il court même le risque d'être pris pour ennemi, par des frères d'armes, qui ne l'aperçoivent que confusément au travers d'épais brouillards. Heureux si quelque chef, trop zélé, ne croit pas devoir lui envoyer quelque décharge de fusils, de mitrailleuses ou de canons !

L'homme de notre époque, l'*animalis homo,* décrit d'après nature par saint Paul, a la tête dure, comme les Juifs, aujourd'hui les maîtres du monde. Il perçoit difficilement les choses qui viennent de Dieu. Il croit peu au surnaturel. Dans son ignorance, il sait à peine que nos Saints Livres ne sont, depuis la première page de l'Ancien Testament, la page du milieu qui ouvre les Evangiles, jusqu'à la page de la fin qui termine l'Apocalypse, *qu'une longue révélation et une admirable prophétie.* Jamais l'étude du surnaturel, par conséquent la lecture de l'*Histoire révélée de l'avenir,* ne fut plus urgente, nécessaire, indispensable.

Revenons à notre comparaison du soldat intrépide, qui se dévoue pour l'armée, sans que celle-ci lui en sache gré, peut-être.

L'éclaireur marche en avant, parfois sur le penchant des abîmes. Il suit des sentiers quelquefois si étroits et si difficiles, qu'il n'a pas la ressource de s'appuyer sur un bras qui lui serve de guide. Sur ces hauteurs, sur ces rocs escarpés, il n'y a de place que pour un !... Son dévouement ne peut être qu'incompris à une époque, comme la nôtre, où la confusion règne dans les esprits : l'égoïsme est partout, la charité n'est presque nulle part, pour unir les cœurs dévoués... Dans ces circonstances exceptionnelles, le soldat du Christ prend conseil de la droiture de sa conscience. Les yeux élevés vers le ciel, il chemine avec prudence, l'épée d'une main pour se défendre, la plume de l'autre pour tracer la route à ceux qui, profitant de ses labeurs, devront la suivre plus tard, avec moins de dangers. Il s'abandonne donc au souverain arbitre des destinées, satisfait du devoir accompli. S'il succombe, l'infortuné éclaireur, en tombant, criera encore aux siens : *Garde à vous !* Puisse ce cri d'avertissement être le salut d'une partie de l'armée ! *Vos ergo videte : ecce prædixi vobis omnia* (S. Marc, XIII, 23).

Toutefois, en dehors des opinions libres, il y a dans l'Eglise une direction. L'auteur déclare donc déposer humblement cet écrit aux pieds des supérieurs ecclésiastiques. S'il recherche les conseils de tous ses lecteurs, il va sans dire qu'il sollicite, avec une déférence toute particulière et très-empressée, les avis de ses Pères et de ses Maîtres dans la foi. Bien que la rédaction de cette histoire ne repose que sur une foi humaine et ne prétende pas imposer une foi divine, l'auteur serait heureux de recevoir, pour l'exécution de son plan, une direction éclairée.

L'administration supérieure de l'Eglise a, jusqu'à présent, pour habitude de ne donner aucune approbation formelle à ce genre d'ouvrages. Les révélations et les prophéties sacrées, contenues dans l'Ecriture-Sainte, intéressent seules, directement et essentiellement, les dogmes, la morale, la discipline. Néanmoins, sous la responsabilité des auteurs qui les rapportent, elle voit avec plaisir les fidèles s'édifier des révélations et des prophéties modernes. Elle-même ne dédaigne pas de les mentionner, comme confirmation de preuves, dans ses examens pour la canonisation des Saints.

L'auteur ne peut qu'être très-reconnaissant de tous les concours savants ou bienveillants qui lui seront fournis. Les personnes qui voudront bien se mettre en rapport avec lui, pour la rédaction ou pour la propagande, sont priées d'adresser leurs lettres à :

L'abbé CLOQUET, 38, rue de Vaugirard, à PARIS.

CONCORDANCE

ET

TABLE ANALYLIQUE DES MATIÉRES.

PRÉLIMINAIRES

PREMIÈRE PARTIE

Mystérieuse origine et conservation miraculeuse des prophéties.

DEUXIÈME PARTIE

Coup d'œil général jusqu'à la fin des temps.

TROISIÈME PARTIE

Persécution contre le clergé séculier et régulier et sa restauration.

PREMIÈRE SECTION. — LA PERSÉCUTION.

Psaume XIII, 103.

Origines de la persécution : Luther, la juiverie, les sociétés secrètes, mot dit à sainte Brigitte, caractère de la persécution présente décrit par le vénérable Holzhauser, 105.

Malice, intention, plan, action, prétexte des démons et de leurs suppôts, 106. Ces derniers, aveugles et insensés, croiront faire un acte religieux et patriotique par leurs destructions et massacres, 106.

Persécution en Italie ; un précurseur de l'antechrist ; massacre des prêtres, des religieux, des défenseurs de l'Eglise, des jésuites ; réduction du nombre des Ordres religieux, 107.

E. Eppinger décrit les complots des gouvernements, la persécution contre le clergé : immolation de personnages éminents, de prêtres, de jésuites, à Rome surtout ; pillage des couvents, dévastation des églises ; saint Césaire annonce que la persécution s'étendra à l'*univers*, 108.

Humiliation, spoliation de l'Eglise, expulsions, exil, supplices des pasteurs, des prélats, etc., destruction des monastères, dévalisation des temples, etc., 109.

Autres documents secrets et inédits réservés pour le tome deuxième, 109. — Prophéties de saint François d'Assise, 110 à 113.

DEUXIÈME SECTION. — LA RESTAURATION.

Avis et notices : Réponse de Mélanie relative à la règle des futurs apôtres, 114. — Notice sur la sœur Mechtilde et sa révélation, 115. — Saint Vincent Ferrier, le vénérable Grignion de Montfort, 116 ; — et saint François de Paule, 117.

LES APÔTRES DES DERNIERS TEMPS,

D'après la Sœur Mechtilde.

I. *Constitutions et règles de cet Ordre nouveau*, 119. — Après la destruction de l'Ordre des Dominicains, 119 et note 45, — naissance et excellence d'un nouvel Ordre d'apôtres ; leurs vêtements, ceinture et chaussures, 120. — Sans résidence ni argent, ils porteront un bâton rouge surmonté d'une croix d'ivoire, toujours en leur présence, 121. —

Monture, discrétion, nourriture, logement, lavement des pieds, 122. — Edification du prochain et générosité de celui-ci. Chapitres, deux livres, le fondateur et son investiture, âge et conditions d'admission, 123. — Le Principal, le Gardien et leurs compagnons, leur nombre dans chaque évêché, archevêché, à Rome et à Jérusalem. Petit chapitre, repas, couche, tenue, 124 ; — infirmes, 125.

II. *Persécution de l'antechrist contre eux*, 125. — En paix trente ans, avant l'arrivée de l'antechrist, sa domination sur tous les rois, ses promesses trompeuses au clergé, 125. — Les Frères Apôtres prêcheront, absoudront, promettront le ciel aux martyrs, convertiront beaucoup de juifs et de païens. Indignation de l'antechrist, il fait empaler les prédicateurs lesquels en cet état chantent et exhortent. Les fidèles sont flagellés, 126. Leur tête est tranchée les yeux bandés. Martyrs vivants. Le pape partage le sort des Frères, 127.

III. *Enoch et Elie viennent à leur aide*, 127. — Enoch et Elie, maintenant dans le Paradis, se nourrissent de l'arbre de vie et se gardent de l'arbre défendu. — Description de celui-ci et de son fruit, 127. — Apôtres et peuples les demandent à Dieu. Ces deux saints confondront l'antechrist, convertiront ceux qu'il avait induits en erreur. Les justes seront par lui mis à mort, 128. — Chaudières en ébullition, fosses pleines de feu. La marche d'Enoch et d'Elie sera des *Indes* à la mer, 129. — Les multitudes à leur suite seront mises à mort. Elie, trois jours en croix, expire environné d'une gloire céleste. Son corps reste sans sépulture. Enoch convertit beaucoup de partisans de l'antechrist, 130. — Il apostrophe ce tyran, 131.

IV. *Mort d'Enoch*. — Versez-lui dans la bouche de la poix bouillante, s'écrie l'antechrist furieux, 131. — Prière intérieure d'Enoch. Réponse divine et promesse de soustraire biéntôt les derniers fidèles aux supplices ordonnés par l'antechrist, 132.

Prophétie de saint Vincent Ferrier concernant les futurs apôtres, 134 à 137.
Ce Saint annonce aux Dominicains l'état futur des hommes évangéliques, et leurs vertus, 134. — Quatre effets de la considération de ce qu'ils seront, 135.

TABLE

MÉTHODIQUE ET ALPHABÉTIQUE

Livres de l'Ecriture-Sainte. — Tradition des saints, des Pères, des docteurs, des théologiens, des auteurs et autres personnages. — Noms des prophètes et des voyantes, *mentionnés, avec ou sans notice, dans cet ouvrage, en 175 citations.*

Nota. — Les chiffres romains ou arabes indiquent les pages.

I. — Livres de l'Ecriture-Sainte.

(37 extraits ou textes.)

Genèse : 3, 75. — Rois : vi, 3. — Ecclésiastique : viii, 3. — Psaumes : 84, 103. — Isaïe : 71, 84. — Jérémie : 75. — Daniel : 78, 79. — Evangiles selon saint Mathieu : x, 84; saint Marc : 35 à 38; saint Luc : 3, 84; saint Jean, 79. — Actes des apôtres : ix, 105. — Epitres de saint Paul : viii, ix, 3, 65, 78, 84; de saint Pierre : 84. — Apocalypse : 62, 63, 64, 67, 75, 79, 82, 83, 84, 117.

II. — Tradition des saints, des pères, des docteurs, des théologiens, des auteurs et autres personnages.

(58 citations.)

Saints : Anselme : 79; — Augustin : 4, 74, 78, 84; — Cyrille : 78; — Epiphane : 4; — Grégoire : 4, 74, 84; — Hyppolite : 74, 78; — Irénée : 3, 74; — Isidore : 3; — Jean Damascène : 4, 78; — Jérôme : 3, 78, 84. — Justin : 4; — Prosper : 74; — Thomas : 4, 84.

Abulens : 4; — Angelôme : 4; — Bellarmin : 78; — Carmel Cosma : 97; — Cornelius à Lapide : 117; — Mgr Fava : 98; — Mgr Dupanloup : vi; — Gœrres : 78; — Le P. Houbigant : 4, 82; — le P. de la Noüe : 117; de Mirville :

64, 78 ; — Lucas Montoya : 117 ; — Nicolas de Lyre : 4 ; — Origène : 78 ; — Pasquale des Franciscis : 49 ; — Peladan : 68 ; — Pie IX : 49 ; — Raban : 4 ; — Rolland : 117 ; — Rupert : 4 ; — le P. Sanctius : 4 ; — Simon de Limena : 117 ; — Soto : 78 ; — Strabus : 4 ; — Suarez : 78 ; — Théodoret : 75 ; — Tertullien : 4 ; — Viégas : 4 ; — Wurtz : 62 à 64, 75.

Saintes Alpaix : 4 ; et Catherine de Sienne ; 138.

III. — NOMS DES PROPHÈTES ET DES VOYANTES, AVEC OU SANS NOTICE.

(80 prophéties ou citations partielles de prophéties se corroborant mutuellement.)

Prophéties : Anonymes, connues de l'auteur : 51, 53, 61 aux notes 11, 12, 13, et p. 67 ; — Augustinienne : 54 ; — d'Anselme : 67 ;

Du Frère B. 67 ; — de Bottin : 67 ; — d'une religieuse de Belley : 67 ; — de sainte Brigitte : 32, 73, 77, 105 ;

De Sœur Catherine, née Zoé Labouré : 33, 52 ; — de saint Césaire : 68, 108 ; .

De Sœur Catherine Emmerich : 2, 4 à 28, 55 à 61, 67 ; — de Sœur Elisabeth Eppinger : 108 ;

De saint François d'Assise : 109 ; — de saint François de Paule : 117, 138 ;

D'une voyante de Grenoble : 67 ;

De sainte Hildegarde : vi, 4, 32, 53, 54, 71 à 73, 77, 80 ; — d'Hohenlohe : 67 ; — d'Holzhauser : 69, 70, 78, 105 ;

Du B. Labre : 67 ; — d'une religieuse de Lyelbe : 67 ;

De Madeleine, 120 ; — de saint Malachie, 100 ; — de Sœur Marie de la Croix, née Mélanie Calvat (de la Salette) : 31, 41 à 97 et note 18, 97 et 114 ; — de Sœur Mechtilde : 4, 115, 119 à 132 ; — du vénérable de Montfort : 116, 118, 138 à 151 ;

De Sœur de la Nativité : 33, 76, 79, 80, 106 ; — du P. Nektou : 67, 68 ; — d'Orval : 67 ;

De P. L. : 67 ; — Placentienne : 54 ;

De Prémol : 67, 68 ;

FIN DES TABLES.

M. Bertin nous prie d'annoncer la mise en vente chez lui, 18, rue Servandoni, ou 38, rue de Vaugirard, du PORTRAIT DE MGR LE COMTE DE CHAMBORD ; en *photographie :* Carte-album, 0 fr. 75 ; de visite, 0 fr. 50 ; de timbre-poste mignonnette, 0 fr. 05 ; la même, collée sur la proclamation du 5 juillet 1871, 0 fr. 10 ; — en *lithographie*, de 33 sur 22 centimètres, entouré d'allégories, de la généalogie des rois de France et des dates de leurs conquêtes, 0 fr. 10 pièce ou 7 fr. le cent ; — en *gravure*, taille-douce : buste avec ses armes (28 sur 18), 0 fr. 25 ; assis, en pied ou à cheval, 0 fr. 15. Au même et dernier prix, avec ou sans dentelle, Mgr le comte et Mme la comtesse de Chambord en médaillon, — les fleurs allégoriques et les emblèmes de la royauté, — la Question : *Uno avulso non deficit alter,* — la France aux pieds de Jésus ou la France aux pieds de Marie.

Autres photographies ;

LA FRANCE abattue, aux pieds du comte de Chambord, en manteau royal, qui tient le drapeau des lis et repousse la Révolution sous la figure d'une mégère armée du poignard et de la torche, encouragée par la Religion en deuil et protégée contre le génie du mal par saint Michel ; prix de la carte-album : 2 francs.

LE ROI-MARTYR DANS SA PRISON fait vœu de consacrer la France au Sacré-Cœur de Jésus ; album, 0 fr. 75 ; visite, 0 fr. 50.

LA FAMILLE DE LOUIS XVI, portraits distincts de chacun des membres ; carte de visite : 0 fr. 60.

Envoi *franco*.

Bar-le-Duc — Typ. de l'Œuvre de Saint-Paul — L. PHILIPONA
(Ancienne imprimerie des Célestins)

www.ingramcontent.com/pod-product-compliance
Lightning Source LLC
Chambersburg PA
CBHW072048080426
42733CB00010B/2037